Paris-Impur

CHARLES VIRMAITRE

Paris-Impur

PARIS

—

1891

PRÉFACE

Le docteur E. Monin publia dans le journal le Gil Blas, *courant du mois d'octobre 1888, sous ce titre :* La Prostitution, *l'article suivant ; qu'il veuille bien m'excuser de le lui emprunter pour servir d'introduction à ce livre : je ne pouvais en choisir une meilleure.*

LA PROSTITUTION

Cette question médico-sociale, toujours actuelle, qui passionne les philosophes et les moralistes, a été l'objet de récentes discussions dans les Académies de médecine de France et de Belgique. Nos lecteurs savent que, dans ces assemblées, les idées de réglementation ont trouvé peu d'adversaires : depuis le fameux message du Conseil des Cinq-Cents (1796), il a été généralement reconnu en Europe que des lois sont nécessaires pour surveiller et contenir les femmes qui se livrent habituellement à la débauche.

Le meilleur moyen pour combattre l'accroissement de la prostitution est d'en étudier les causes. Ces causes sont intrinsèques, c'est-à-dire inhé-

rentes à la nature féminine, ou extrinsèques,
c'est-à-dire dépendant du milieu où la femme se
trouve plongée. Un tempérament instinctivement
ardent ou prématurément perverti ; l'indolence
et la paresse constituent les causes intrinsèques,
qui ressortissent à peu près à la seule nature
humaine. Mais ces causes sont singulièrement
vivifiées par les conditions sociales de la vie
moderne. L'indécence et la promiscuité dans la
famille ouvrière, qui n'a parfois qu'un lit, ordinairement qu'une chambre pour contenir le ménage et les enfants, désarment assurément la
pudeur et compromettent la vertu des filles. Lorsque les filles sont de naissance illégitime, on
conçoit que leur chute soit plus rapide et plus
complète encore. Il en est de même lorsque survient un second mariage du père ou de la mère,
A côté de la mauvaise éducation, il faut placer
l'encombrement des carrières ouvertes aux
femmes : l'instruction obligatoire en multipliant
d'une manière insensiblement croissante, les dé-
classés sont plutôt faites pour augmenter que
pour diminuer cet inconvénient. Un journal allemand poussait dernièrement, en ce sens, le cri
d'alarme, dans une série d'études concernant les
dangers sociaux d'un prolétariat trop cultivé...

La désertion incessante des campagnes et l'infernal mirage de Paris, fournissent également à

la prostitution un précieux aliment. Si dès son arrivée à Paris la fille de la campagne rencontre un de ces drôles qui battent le pavé et rôdent aux alentours des gares, elle est poussée le plus souvent d'emblée dans la débauche. Emmenée dans quelque débit de vins ou dans un hôtel borgne où on la fait boire, elle devient ensuite la maîtresse de l'un de ces individus, qui la jette sur le trottoir et vit à ses dépens. Tous les jours nos faits-divers relatent des aventures de ce genre : Saint-Lazare et Lourcine ont vu plus d'une vierge déflorée et contaminée le même jour !

Non seulement les professions ouvertes aux femmes sont très rares : elles sont, de plus, fort mal rétribuées. La crise industrielle et la concurrence déplorable des prisons et des couvents sont les causes pour lesquelles une jeune fille, qui meurt de faim en travaillant dix-huit heures par jour, cherche dans la débauche un supplément de nourriture, en même temps qu'un remède à son isolement social. Si elle travaille dans un atelier ou dans un magasin, ce sont les mauvaises fréquentations, les parties de campagne, etc., qui deviendront les occasions de la première chute. Si elle est domestique, la promiscuité du sixième étage (en haut du solennel escalier bourgeois), se chargera de sceller les premières liaisons, lorsque n'interviendra point le traditionnel Pitou, tou-

jours prêt à « faire un doigt de cour » à sa payse.
Ajoutez à tout cela le goût du luxe et l'appât du
plaisir, sans cesse en émoi dans les grandes
villes aux pompeuses tentations ; le débordement
des livres et des gravures obscènes, la désinvolture cynique des séducteurs dans les pays où la
recherche de la paternité est encore interdite
et vous avez à peu près les causes les plus pal-
pables de l'envahissement contemporain de la
prostitution. Il est des femmes qui demandent à
la prostitution les ressources nécessaires pour
élever leurs enfants : c'est une déviation, pour le
bon motif, du sens moral, qui produit cette
bizarre mixture de deux instincts. Nous connais-
sons, pour notre part, des faits de ce genre, qui,
à eux seuls, dressent l'acte d'accusation de tout
un ordre social !

La démoralisation a existé de tout temps, et il
est plus que probable que notre société moderne,
sous le rapport des mœurs, est supérieure à ce
qu'était la cité antique ; mais cela ne veut point
dire qu'il n'y ait bien des réformes à faire et bien
des améliorations à réaliser, dans les questions
sociales intersexuelles... Quoi qu'il en soit, les
grandes villes de l'étranger n'ont pas grand'chose
a envier à notre capitale, en ce qui concerne l'état
florissant de la prostitution. A Berlin, où le
législateur hypocrite interdit l'ouverture et l'ex-

ploitation des maisons de tolérance, la prostitution clandestine a pris, depuis une dizaine
d'années surtout, une grande extension ; plus de
trente mille femmes pour une population de un
million deux cent mille âmes, n'ont d'autre moyen
d'existence que la débauche. A Londres, de récents
débats nous ont démontré combien les plus cyniques scandales étaient habilement masqués sous
la biblique hypocrisie anglaise. La grande cité
compte plus de cent mille prostituées, et le proxénétisme y a atteint les perfectionnements les
plus raffinés ; les filles entrent dans les « bro-
thels » dès l'âge de douze ou quinze ans, et la virginité de ces enfants s'y paie de 500 à 3,000
francs ! la Babylone moderne, ce bouc chargé de
tous les péchés d'Israël, est assurément moins
friande de mineures que la cité de la morale et de
la continence, dont les racolages et les turpitudes
ont récemment ému l'Europe civilisée, à la suite
des tristes révélations de la Pall Mall Gazette. A
Vienne, on a dû diriger aussi, contre l'industrie
interlope de la prostitution clandestine, de nombreux règlements de police : les établissements de
bains, les boutiques de gantières, de parfumerie,
de bijouterie, les « galanteriewaarenhandlungen »,
les cafés-concerts et les arrières-boutiques n'offrent
dans la capitale Autrichienne, que nids à débauche
et à syphilis.

1.

A Budapest, *ville cosmopolite et orientale, la dissipation des mœurs est plus forte encore ! les établissements de bains chauds de la capitale Hongroise sont célèbres à cet égard. Les femmes de Hongrie sont, d'ailleurs, plus peut-être encore que nos Alsaciennes, de* complexion amoureuse ; *elles alimentent les maisons de tolérance de toutes les capitales. A Bruxelles, malgré l'excellent fonctionnement du service des mœurs (et à Anvers plus encore peut-etre), la prostitution est très florissante ! mais la santé des filles publiques y est peut-être meilleure que dans la plupart des grandes villes. Que dire de Madrid qui, pour* 477,500 *âmes compte* 150 *maisons publiques ; de Naples, la ville aux mœurs faciles, qui ne veut pas oublier qu'elle est la mére putative du* mal Napolitain ; d'Amsterdam, *où l'exercice de la débauche ne subit aucune entrave de la part de l'administration ; de Lisbonne, qui possède, pour* 300,000 *habitants,* 300 *maisons de tolérance, etc., etc. ? Lorsque, sincérement on jette les yeux sur les données statistiques des administrations et des conseils de salubrité de tous les pays, on reste bientôt convaincu que la prostitution est, sinon un mal nécessaire et irrémédiable, du moins un état de choses singulièrement généralisé dans nos sociétés contemporaines.*

PARIS-IMPUR

I

Depuis que la prostitution existe, la lutte est
permanente entre les filles et l'autorité ; les unes
se révoltent, l'autre veut les réglementer.

Pendant plusieurs siècles la prostitution parisienne tint tête à l'autorité de l'archevêque, du
prévôt, du Parlement et même à celle du roi ; elle

ne respectait ni les arrêts, ni les édits, ni les ordonnances.

Quand on la chassait d'une rue, elle y revenait
avec une opiniâtreté sans égale, elle choisissait de
préférence les rues les plus sales, les plus infectes, les

plus sombres, elle n'avait alors que l'embarras du
choix ; les filles sortaient la nuit malgré les défenses, elles s'exposaient à la peine du fouet, à
l'amende, à la prison, mais cela leur importait
peu.

Une ordonnance de saint Louis reconnut l'existence légale des *Ribaudes* de profession, elles n'eurent plus besoin de se cacher, mais leur audace
grandissant, il fallut y mettre un terme. Une ordon-

nance du Prévôt de Paris, en 1360, fit défense à toutes filles et femmes de mauvaise vie et *faisant péché de leur corps d'avoir la hardiesse de porter* sur leurs robes et chaperons aucun gez ou broderies, boutonnières d'argent blanches ou dorées, des perles ni des manteaux fourrés de gris sous peine de confiscation.

La même ordonnance leur enjoignait de quitter sous huit jours ces ornements, passé ce délai, les sergents avaient ordre de les arrêter en tous lieux, excepté dans ceux consacrés au service divin et de les amener au Châtelet pour qu'on leur ôtât et arrachât ces habits et ornemens.

Les sergents recevaient cinq sous parisis pour chacune de ces femmes trouvées en contravention et qu'ils auraient dépouillées.

Cette ordonnance figure sur *le Livre vert ancien du Châtelet.*

Trois autres ordonnances de police du 8 janvier 1415, 6 mars 1419, et 26 juin 1420 portaient les mêmes défenses.

Un arrêt du Parlement de Paris, du 17 avril 1426 les renouvela.

Ces ordonnances furent sévèrement appliquées, les habillements saisis étaient vendus *au profit du roi*, la preuve se trouve dans cet extrait du compte du *domaine de Paris* de l'année 1420 :

« De la valeur et vendue d'une houppelande de

drap persfourrée par le collet de penne de gris,
dont Jehannette, veuve de feu Pierre Michel,
femme amoureuse fut trouvée vêtue, et ceinte d'une
ceinture sur un tissu de soie noire à boucle et
mordant, et huit clous d'ar.ent, pesant en tout
deux onces, auquel état elle fut trouvée allant à
val par la ville, outre et par-dessus l'ordonnance
et défenses sur ce faites, et pour ce fut emprisonnée
et ladite robe et ceinture déclarée appartenir au
roi, par confiscation, en suivant ladite ordonnance
et délivrée en plein marché le 10 juillet 1427; c'est
à savoir : ladite robe le prix de sept livres douze
sols parisis, et ladite ceinture deux livres parisis
qui font neuf livres douze sols parisis dont les ser-
gens qui l'emprisonnèrent eurent le quart. »

Le plus ancien document qui donne la nomenclature des clapiers où les filles étaient parquées
est le *Dit des rues de Paris* par Guillot. Ce manus-
crit fut découvert à Dijon par l'abbé Lebeuf, il en
fit don à l'abbé Fleury, chanoine de Notre-Dame.

Ce document date de 1270 et fut publié en 1754.
Il désigne plus de vingt rues suspectes dans les
trois grandes divisions de Paris, comprises sous
les dénominations : d'*Université*, de *Cité* et de
Ville.

C'est énorme eu égard à la population qui n'était
alors que de 120,000 âmes. Paris, en 1474 ne pos-
sédait encore que 150,000 habitants et 310 rues.

. . . .

Rue de la Plâtrière, plus tard la rue du *Battoir*.

> La maint (demeure) une dame Loudière
> Qui maint chapel a fait de feuille.

Rue du Paon, rue du *Paon-Saint-André*.

> Je descendis tout bellement
> Droit à la rue des Cordèles:
> Dame ya, le descord d'elles
> Ne voudroie avoir nullement.

Rue des Prêtres-Saint-Severin.

> ... Mainte meschinette
> S'y loue souvent et menu,
> Et font battre le trou velu
> Des fesseriaux, que nous ne dic.

Rue de l'*Ospital*, plus tard Saint-Jean-de-Latran.

> Une femme i d'espital *(despita)*
> Une autre femme follement
> De sa parole vilment.

Rue Saint-Symphorien, plus tard rue des Cholets. Cette rue a été supprimée en 1842 et son sol a été cédé gratuitement par la ville aux collèges S.inte-Barbe et Louis-le-Grand.

La rue de la Chavaterie
Trouvai. N'allai pas chez Marie
En la rue Saint-Symphorien
Ou maignent li logiptien.

Rue des Noyers, *du Noïer*.

Et puis la rue du Noyer
Ou plusieurs dames, por louier
Font souvent battre leurs cartiers.

Rue du Bon-Puits.

La maint la femme a un chapuis
Qui de maint hommme a fait ses glais.

Rue Cocatrix.

Ou l'on boit souvent de bons vins
Dont maint homs souvent se varie.

Rue Gervais-Laurent (*Gervése Lorens*).

Ou maintes dames ignorent
Y mesnent, quis de leur guiterne.

Rue des Marmouzets.

Trouvai homme qui m'eut fct
Une musecorne belourde.

Rue du Chevet-Saint-Landry *(Port Saint-Landry)*.

Femme qui vont tout le chevez
Maignent en la rue du Chevez.

Rue Glatigny, surnommée le Val-d'Amour.

En bout de la rue descent
De Glateingni, de bonne gent
Maignent et dames au cors gent
Qui aux hommes, si com moy semble
Volontiers charnelment assemblent.

Rue du Haut-Moulin, laquelle se nommait alors rue Saint-Denis-de-la-Chartre.

Ou plusieurs dames en grant chartre
Ont maint v... en leur c... tenu
Comment qu'ilz y soient contenu.

Rue Béthisy.

Un homs trouvai en ribaudez
En la rue de Bethisi
Entré : ne fut pas éthisé.

Cour Baton, autrefois : *Coul de Bacon (impasse Courtalon).*

Trouvai et puis Col de Bacon
Ou l'on a (1) *trafarcié* maint c...

___

(1) Le *complément du dictionnaire de l'Académie française* traduit 'expression : *Trafarcié* par *Traverser.*

Porte du Louvre.

Dames i a gentes et bonnes
De leurs denrées sont trop chiches.

Rue de *Maître-Huré*. Cette rue était voisine de a rue des Poulies.

La rue trouvai-je Maistre-Huré
Lez lui séant dames polies.

Rue Mauconseil

Une dame vi sur un seil
Qui moult se portoit noblement,

Je la saluai simplement
Et elle moi, par saint Loys.

Rue Beaubourg.

Allai droitement rue Biaubourc
Ne chassoié chièvre ne bouc.

Rue Lingarière (1).

La ou leva mainte plastrière
D'Archal mise en œuvre pour voir
Plusieurs gens pour leur vie avoir.

(1) Le bibliophile Jacob dit que cette rue ne peut être que la rue *Maubuée ;* c'est une erreur, elle se nomma plus tard la rue de la Corroierie, et fut réunie, par ordonnance ministérielle du 18 février 1851, à la *rue de Venise; Lingarière* était son vrai nom.

Rue Trousse-Vache (1).

La rue Amaury-de-Roussi
En contre Trousse-Vache chiet,
Que Diex gard qu'il ne nous meschict.

Rue du Plâtre (*Plastre*).

Ou maintes dames leur emplastre
A maint compagnon ont fait battre,
Ce me semble pour eux esbattre.

Carrefour Guillori (2).

Si un dit ho, l'autre hari.

Rue de Chartron (3).

Ou mainte dame en chartre ont
Tenu maint vit pour se norier *(nourrir)*.

Rue Tyron.

Y entrai dans la maison Luce
Qui maint en la rue Tyron,
Des dames hymnes vous diron.

(1) Depuis le 22 juin 1822 réunie à la rue de la *Reynie*.
(2) Ce carrefour était formé par la rencontre des rues de la Coutellerie, Jean-Pain-Mollet, Jean-de-Lepine, de la Poterie et de la
Tixéranderie, ces rues furent supprimées en 1850, 1851 et 1853
pour le prolongement de la rue de Rivoli, pour la place de l'Hôtel
de-Ville, et la caserne Napoléon.
(3) Depuis rue des Mauvais-Garçons, supprimée pour le prolongement de la rue de Rivoli.

Rue Percée (Percié).

>Une femme vi destrecié
>Pour soi pignier qui me donna
>De bon vin, ma voix a donna.

Rue des Fauconniers.

>Ou l'on trouve bien, por denier,
>Femmes, por son cors solacier.

Rue aux *Commanderesses* (1).

>Ou il a maintes Tencheresses
>Qui ont maint homme pris au brai

Guillot avait dédié son œuvre *au doux seigneur du firmament et à sa douce et très chérie mère!*

Une ordonnance citée par Delamare dans son *Traité de la police*, datée du 18 septembre 1367, détermine les endroits où les prostituées pourront exercer sans être exposées à être punies d'une peine quelconque.

Le Prévôt de Paris fixait les lieux où les filles devaient se retirer.

Ces *bordeaux* étaient : *l'Abreuvoir Macon, en la Boucherie, en la rue du Froidmantel, près du Clos Bruneau, en Glatigny, en la Cour Robert-*

(1) Depuis rue de la Coutellerie, démolie en 1853.

de-Paris, en *Baillehoé*, en *Tyron*, en *la rue Cha-pon*, en *Champfleury*.

Charles V concentrait la prostitution.

La même ordonnance défendait aux particuliers de louer aux femmes de mauvaise vie.

Il est assez instructif de rappeler où étaient fixés les lieux assignés aux prostituées.

L'abreuvoir Macon était un groupe de maisons situées autour d'une ruelle, laquelle descendait à la rivière, près du pont Saint-Michel, juste au coin de la rue de la Huchette.

La *Boucherie* était située vis-à-vis du Châtelet.

Le *Clos Bruneau* est aujourd'hui la rue Saint-Jean-de-Beauvais.

La rue *Froidmantel* est devenu a rue Fromentel.

La rue *Glatigny* a été démolie pour la construction de l'Hôtel-Dieu et la Caserne de la Cité.

La rue *Chapon* n'a pas changé de nom, seulement aujourd'hui c'est une rue industrielle habitée par des chaisiers et des menuisiers.

La rue *Tyron* fut démolie en 1855.

En Baillehoé, aujourd'hui la rue Brisemiche, entre le cloître Saint-Merri et la rue Maubuée.

En Champ-Fleury, s'appela plus tard la rue de la Bibliothèque.

L'ordonnance du Prévôt de Paris ne servit à rien, les prostituées se réfugièrent dans la Cité, dont les rues étaient admirablement appropriées pour qu'elles pussent y exercer leur commerce en paix.

Félicien et Robineau, les deux auteurs de l'*Histoire de Paris*, ont, à ce sujet, extrait des registres du Parlement, un arrêt qui commence ainsi :

— Du mardi, quinzième jour de juin 1367, entre Jehanne la Peltière, appelante, d'une part, maistre Jehan d'Aley et les autres habitants de la rue des Marmouzets, d'autre part. L'appelante dit qu'elle demeure en la rue Coquatrix, qui est *foraine*, où il y a eu Bordel de si long-temps qu'il n'est mémoire du contraire...

Le bibliophile Jacob tire de ce passage cette conclusion : « que les rues où il y avait *bordel* « étaient *foraines*, c'est-à-dire étrangères au régime « et au droit commun de la voirie ordinaire. »

C'est-à-dire que ces rues jouissaient d'une franchise qui défiait les ordonnances.

La prostitution s'était aussi réfugiée : *cour des Miracles*, *cour de la Jussienne* (rue Montmartre), *cour Gentien* (rue des Coquilles), *cour Brisset* (rue de la Mortellerie), *cour de Bavière* (rue Bordet), *cour Sainte-Catherine* et *cour du roi François* (rue du Ponceau), *cour Tricot* (rue Montmartre), *cour Bacon* (rue de l'Arbre-Sec).

La *cour des Miracles* dont il reste des vestiges entre les rues des Petits-Carreaux, du Caire et du

Nil a été décrite maintes et maintes fois ; Sauval nous dit que les filles et les femmes se prostituaient pour deux liards et pour un double, ce n'était pas cher, deux liards valaient à cette époque dix sous de notre monnaie actuelle, le double denier tournois représentait trois sous !

Les prostituées de la cour des Miracles étaient à l'abri de la police du Châtelet.

L'histoire nous a conservé les noms de quelques filles célèbres de cette époque :

Florée du *Boscage*, Ysabiau l'*Espinéte*, Jehanne la *Normande*, Edeline l'*Enragiée*, Aaly la *Bernée*, Aaly la *Morelle* la *Baillie*, Letoys, *Aaly-sans-Argent*, Perronéle de *Serénes*, Anés l'*Alelléte*, Jehanne la *Meigréte*, Marguerite la *Galoise*, Geneviève la *Bien Fétée*, Jehanne la *Grant*, Ysabiau la *Camuse*, Maheut la *Lombarde*, Marguerite la *Bréte*, Ysabiau la *Clopine*, Anés la *Pagesse*, Juliotte la *Béguine*, Jehanne la *Bourgoingne*, Maheut la *Normande*, Gile la *Boiteuse*, Mabile l'*Escote*, Perronéle *Grosente*, Agnès *aux blanches mains*, Jehannette la *Popine*, Ameline *Belcassez*, Ameline *La Grasse*, Marie la *Noire*, Marie la *Picarde*, Aniés la *Grosse*, Jehanne la *Sage*, etc,, etc.

Ces noms figurent sur la taille de 1292.

En 1840, nous les retrouvons avec une légère variante dans l'orthographe, au *bal du Prado ;*

2

les étudiants avaient baptisé de ces noms les gri-
settes habituées de ce bal.

Une ordonnance du 17 mars 1374 obligeait les
prostituées assemblées dans les lieux désignés
plus haut à les quitter à dix heures du soir sous
peine d'une amende de vingt sous parisis (plus de
vingt francs de notre monnaie.)

Une nouvelle ordonnance du 30 juin 1395
restreignit encore cette heure, et fixa six heures
en hiver et sept heures en été, sous peine de prison
et d'amende arbitraire.

Jusqu'en 1565 la Prévoté de Paris négligea de
s'occuper des mauvais lieux non autorisés.

En 1560 les Etats d'Orléans annoncèrent que
tous les lieux de prostitution seraient anéantis.
L'article 101 de l'ordonnance de ce nom défendit
tous Bordeaux, enjoignit aux juges de poursuivre
et de punir *extraordinairement* les contrevenans
sans *dissimulation* ou *connivence, à peine de privations de leurs offices.*

Cette abolition générale, dit Sabatier dans son
Histoire de la législation sur les femmes publiques
(1830) fut exécutée avec autant d'exactitude que
de vigilance. Tous les lieux publiques de débauche
furent fermés dans le royaume.

Par suite de l'exécution de l'ordonnance d'Orléans, il n'y eut plus de maisons publiques avouées ;

mais malgré les défenses il y en eut au compte,
risques et périls des particuliers.

Sainte-Foix à ce sujet fait observer dans ses
Essais historiques que le nombre des filles ne
diminue pas, quoique leur profession ne fut pas
regardée comme un état; et en leur dépendance
d'être nulle part on les obligea de se répandre
partout. La suppression des repaires connus de la
débauche eut de plus graves conséquences. Ceux
qui se formèrent ensuite, échappant à la surveillance au milieu des ténèbres dont ils étaient forcés
de s'envelopper, devinrent des réceptacles de
femmes perdues, de prolétaires, de vagabonds et
de malfaiteurs. Le système de prohibition absolue
adopté contre la débauche publique eut donc des
effets tout aussi déplorables que ceux qui étaient
sortis de la protection qu'on lui avait accordée à
des époques antérieures..... Sans doute en cessant
de protéger, de tolérer trop ouvertement la prostitution, et d'en tirer un revenu; en retranchant
d'un scandale public l'autorisation qu'il lui avait
donnée, le pouvoir se parait d'un caractère de
moralité dont l'absence était évidente: il était
beau, il était sage de rendre au vice la honte dont
on l'avait dépouillé; la raison, l'intérêt de la
société et les mœurs de l'époque s'opposaient à
des mesures outrées qui rencontreront toujours
dans la constitution de l'ordre social et dans la

dépravation humaine d'insurmontables difficultés.

Dans les commencements du xvii° siècle, le défenses de loger les filles et femmes de mauvaise vie furent renou.elées à Paris par des ordonnances de police.

Les peines les plus sévères furent édictées — perte de loyers pendant trois ans — confiscation des maisons qu'on se contentait quelquefois de faire murer — expulsion de la ville et du faubourg dans les 24 heures — emprisonnement — peine du fouet — bannissement à perpétuité.

Rien n'y fit.

Le 12 août 1642 un arrêt du Parlement de Rennes défendit à toutes personnes d'aller dans les lieux de débauche sous quelque prétexte que ce pût être à peine de cent livres d'amende.

Un arrêt du Parlement d'Aix du 27 janvier 1657 condamna à l'amende un particulier, *pour avoir sollicité des femmes de mauvaise vie* (1).

A Paris, une ordonnance de police, défendit à toutes femmes et filles de débauche de raccrocher dans les rues, sur les quais, places et promenades publiques et sur les boulevards, même par les enêtres à peine d'être rasées et envoyées à l'Hôpital.

(1) Brillon, *Dictionnaire des arrêts*, T. II, p. 314, *verbe* Concubi. nage.

Par arrêt du Parlement de Bordeaux du 21 juin
1686, il fut ordonné que toutes femmes et filles
n'ayant aucune profession connue et désignées sous
le nom de *femmes du monde*, seraient tenues de
vider la ville et banlieue dans une quinzaine après
la publication dudit arrêt.

Une ordonnance de police du 8 novembre 1780
défendit à tous marchands et autres personnes de
louer ou prêter des hardes, vêtements ou ajuste-
ments pour se parer à peine de trois cents livres
d'amende.

Une autre ordonnance du 11 mai 1784 fit
défendre aux cabaretiers et autre marchands de
boissons de recevoir chez eux des femmes de
débauche, à peine de cent livres d'amende (1).

Un inspecteur de police était chargé de la surveillance des filles, cette partie de la police s'appelait : *Le département des demoiselles*.

En 1708 ces inspecteurs étaient quarante, ils
furent réduits au nombre de vingt par un édit du
mois de mars 1740.

Cette surveillance valait à l'inspecteur principal
plus de trente mille livres par an.

Les agents opéraient selon leur bon plaisir,
quand l'inspecteur avait besoin d'argent, et cela
arrivait fréquemment, il faisait, dit Sabatier

---

(1) Desessarts, *Dictionnaire de Police*, *verbo*, femme.

2.

répandre, chez les maquerelles et les filles en chambres garnies, qu'au premier jour il ferait sa visite de nuit et qu'il ferait enlever celles contre qui on lui avait porté des plaintes, ou qui ne se conduisaient pas bien — lisez celles qui ne lui avaient pas fait leur petit cadeau depuis un mois ou six semaines. — Alors les cadeaux, l'argent, les présents affluaient de toutes parts, et les hautes maquerelles ne manquaient point de couronner ces contributions *volontaires* par l'envoi de quelque jeune fille nouvellement séduite et dont M. l'Inspecteur avait les faveurs encore fraîches auxquelles la publicité n'avait point encore fait perdre tout mérite.

Mais comme le public criait sans cesse contre les filles publiques, pour le contenter, on enlevait tous les mois trois à quatre cents femmes.

On conduisait les unes à l'hôpital et les autres en prison.

Après quelques jours de prévention ces dernières comparaissaient à l'audience du lieutenant de police qui les condamnaient de un mois à six mois.

On comptait à Paris sous le régne de Louis XV plus de *trente deux mille filles*.

L'article 10, titre 12 de la loi du 22 juillet 1791, conçu dans un esprit de sagesse et d'équité, essaya de détruire ou du moins d'atténuer le régime

arbitraire auquel étaient soumis les filles ; s'il
arrive du tapage, disait-il, ou des querelles dans
les lieux de prostitution, le commissaire de police
du quartier qui en est prévenu, fait arrêter les
femmes et les envoie en prison.

C'était reconnaître l'existence des lieux de
débauches.

Le 17 nivôse an IV le Directoire voulut revenir
aux anciennes mesures de sévérité, il adressa au
conseil des Cinq-Cents un message qui concluait
ainsi :

— ... Quand aux peines dont elle peut être suscep-
tible (la prostitution), il ne paraît pas qu'on puisse en
appliquer d'autres que les peines correctionnelles ou de
simple police, graduées suivant la gravité des circonstances, mais en observant de préférer toujours l'emprisonnement aux amendes, parce que les coupables de ces
délits n'ayant le plus souvent aucune propriété, même
mobilière, les condamnations pécuniaires demeurent à
leur égard sans effet ou elles ne les acquittent qu'en faisant de nouveau outrage à la morale publique.

Il ne fut donné aucune suite à ce message.

La proposition d'établir des peines contre ces
personnes n'ayant pas été adoptée, la partie pénale
de notre législation se trouva tout entière dans les
lois de 1791 qui abrogeaient toutes les lois antérieures à 1789.

Le code pénal de 1810 ne s'est attaché qu'à la répression du scandale qui pourrait résulter de la prostitution.

Voici d'après *la biographie des commissaires de police* comment, de 1820 à 1830, s'exerçait la surveillance des prostituées.

— Le troisième bureau de la première division de la préfecture de police est chargé de cette surveillance, mais l'officier de paix qui le préside, six employés et douze agents, sont essentiellement préposés au matériel de cette partie. Ce bureau offre l'affligeant tableau d'un concours continuel de femmes qui, sans pudeur, entrent et sortent, les unes pour demander l'autorisation d'exercer le métier, parées avec autant de soin que si elles allaient solliciter une place honorable, les autres pour recevoir de vives mercuriales sur les plaintes portées contre elles.

Toutes sont enregistrées à la police comme un soldat est porté sur le registre matricule de son régiment. On leur délivre une carte qui leur sert de *passe* pour faire leur *commerce*, comme elles l'appellent. Elles sont obligées de se présenter fréquemment au dispensaire pour y subir la visite du médecin; chaque femme laissant à cet établissement 3 fr. par mois, en portant leur nombre au *minimum* de quinze mille, d'après l'opinion de quelques personnes, la préfecture recevrait chaque mois 45,000 fr., par an 540,000 fr., sans compter la rétribution mensuelle des *dames* de maison qui tiennent les lieux de débauche et sont aussi enregistrées comme chefs d'établissement. Les femmes non patentées, exerçant par contrebande, sont plus retenues dans leur conduite ; on les voit sur les boulevards, dans les passages, dans les galeries. Les élégantes vont au spectacles et se tiennent en loge. Les raccrocheuses opiniâtres sont menées au dépôt de la préfecture et de là à la *Petite-Force* où elles restent de un à trois mois. Celles qui doivent quelque chose au dispensaire sont traitées avec plus de sévérité.

L'ordonnance du 6 novembre 1778 fixe les obligations imposées aux filles publiques et les astreint entre autres mesures à être enfermées à l'hôpital.

Ce fut par un arrêté du 3 mars 1802 (12 ventôse an X) que la préfecture de police prescrivit la visite périodique et préventive des filles publiques ; deux médecins se rendaient deux fois par mois dans les maisons de tolérance, cette mesure fut complétée le 21 mai 1805 (1er prairial an XIII) par un arrêté qui ordonnait l'établissement d'une *salle de santé* ou *dispensaire*, il fut installé rue Croix-des-Petits-Champs, les médecins ne se contentèrent pas des 12 livres par mois, fixés par l'administration, quel que fut le nombre des visites, ils exigèrent des filles 6 livres par visite, un arrêté du 22 janvier 1810 mit fin à ces exactions, ce ne fut qu'à partir de 1816 qu'un médecin du dispensaire se rendit quotidiennement à la maison de dépôt près la préfecture de police pour y visiter les filles arrêtées pendant la nuit.

Le 8 septembre 1820, un arrêté disposait qu'il

serait établi à proximité du dispensaire un *cabinet de consultation* pour la visite des femmes publiques connues sous le nom de *femmes galantes*, soit déjà enregistrées, soit susceptibles de l'être, il fut installé rue de Louvois et ouvert deux fois par semaine, 67 femmes seulement y vinrent, devant ce petit nombre, ce cabinet fut fermé le 15 octobre 1822.

On renouvela cet essai en 1827.

En juillet 1830, le dispensaire de salubrité quitta la rue Croix-des-Petits-Champs, pour s'installer, d'abord dans les locaux attenant à la préfecture de police et situés rue de Jérusalem et rue de Nazareth, et enfin à la préfecture de police dans les bâtiments affectés aux mœurs.

En 1848, le préfet ordonna que les *visites sur places* cesseraient, et que toutes auraient, à l'avenir, lieu au dispensaire.

Le dispensaire actuel fonctionne à la préfecture de police.

Les filles allaient à la visite réglementaire dans des omnibus jaunes, clos hermétiquement, ces voitures stationnaient devant les maisons de tolérance, la foule s'amassait, les gamins en allant à l'école jetaient des pierres au conducteur, et attendaient pour « voir », les filles sortaient une à une, vêtues de toilette excentriques, de robes à couleurs voyantes, trop longues ou trop larges,

trop courtes ou trop étroites, car elles n'étaien
point faites pour les pensionnaires, c'était le maté
riel de la maison, on voit d'ici le carnaval, elles
ramassaient leurs jupons pour grimper sur le mar-
che-pied sans se soucier de ce qu'elles montraient,
une fois installées, elles chantaient des chansons
obscènes, riaient, se battaient, c'était absolument
scandaleux.

Le 1ᵉʳ janvier 1869, le système de la visite sur
place fut interdit, à toutes les maisons de tolé-
rances qui sont divisées en 13 lots.

Le dispensaire de salubrité coûte en moyenne
aujourd'hui 37,500 francs par an, les sommes que
les filles versent à l'administration, tant pour
chaque jour de retard lorsqu'elles ne se présentent pas pour la visite, tant pour la visite,
forment un capital de beaucoup supérieur à la
dépense; ce capital dépasse une dizaine de mille
francs, un préfet de police ne voulant pas que
l'administration profite de cette somme, rendit
une ordonnance par laquelle il disait que l'ex-
cédent des recettes sur les dépenses d'administration serait destiné à payer au couvent des dames
Saint-Michel les pensions des filles repenties qui
consentiront volontiers à s'y retirer jusqu'à ce
qu'elles soient réclamées par leur famille, ou
qu'elles aient les moyens de pourvoir à leur existence par le travail.

On entre au dispensaire par le quai de l'Horloge, les filles un peu huppées arrivent en voiture, toilette tapageuse, les *Persilleuses* viennent à pied en tenue de travail, ces dernières sont généralement accompagnées de leur souteneur, elles s'engouffrent sous la voûte, l'homme attend, en regardant philosophiquement couler l'eau de la Seine, si la fille est trop longtemps, il commence à manifester son impatience, il marche de long en large, il se rapproche de la voûte, le sergent de ville de garde lui crie : Circulez ; il jette à la dérobée, avant d'obéir, un coup d'œil dans les profondeurs de la cour ; rien ! la femme ne vient pas. Aurait-on gardé sa *marmite ?* Il n'y tient plus, il arpente le trottoir en jurant ; les *vaches* (agents) ont fait ma *mome chouette,* ah ! malheur le premier que je pige au demi-cercle, il *écoppera* jusqu'à tant que la peau lui en fume !

Toujours rien ! la femme était malade, elle est *emballée* !

Nous la retrouverons au dépôt de la préfecture de police.

———

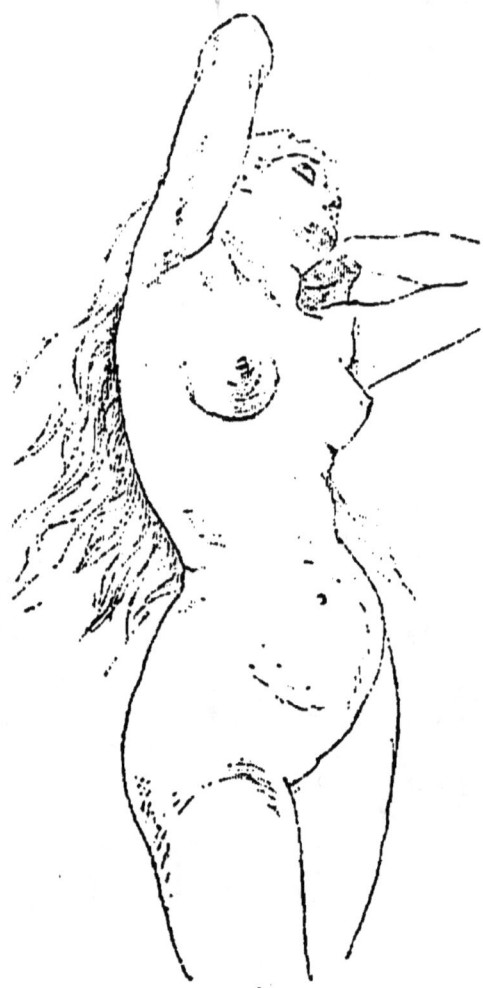

Les maisons de tolérance. — Curieuse statistique. — Etymologies. — Madame et Monsieur. — Le Sacristain. — Baptême fantaisiste. — *Mon Épouse.* — La chanson d'*Alphonse du Gros-Caillou.* — La Marcheuse en 1783. — La Marcheuse moderne. — Les Garçons de maisons. — Une Conversation édifiante. — La Remonte. — Marchés et libre-échange. — La Bourse des filles. — Un quatuor de Gredins. — Les colis humains. — Un procès psychologique. — Recluses à perpétuité. — Les Singes qui jouent des cymbales. — Maillots trop étroits et corsets trop larges. — Une série peu engageante. — Pas de correspondance.

Avant que la banlieue fut annexée à la ville de Paris les maisons de tolérance étaient plus nombreuses dans les quartiers excentriques que dans l'intérieur de la capitale. Les boulevard Charonne, Ménilmontant, Belleville, la Villette, la Chapelle, Rochechouart, Montparnasse, Grenelle, la place du Trône, les environs de l'École Militaire et le cours de Vincennes (aujourd'hui rue de Paris) étaient les principaux endroits où étaient installées ces maisons.

En 1810, il en existait 180, en 1840, 200, en 1860, 194, en 1870, 145, en 1880, 110, et enfin en 1888, 73.

Ce recensement est très instructif si on le rapproche de l'accroissement des brasseries de femmes :

MAISONS DE TOLÉRANCE.

1er Arrondissement.

1. Rue Jean-Jacques-Rousseau, 9.	6	femmes.
2. — des Moulins, 6.	15	—
3. — du Pélican, 7.	8	—
4. — Thérèse, 11.	11	—

2e Arrondissement.

5. Rue d'Aboukir, 116.	13	femmes.
6. — — 131.	12	—
7. — d'Amboise, 8.	12	—
8. — — 10.	15	—
9. — Sainte-Anne, 37.	10	—
10. — — 39.	6	—
11. — Sainte-Appoline, 25.	15	—
12. — Blondel, 32.	17	—
13. — Chabannais, 12.	21	—
14. — Colbert, 8.	26	—
15. — Feydeau, 12.	21	—
16. — Sainte-Foy, 21,	7	—
17. — — 24.	9	—

18. — Gréneta, 26.   9 femmes.
19. — de la Lune, 43.   10 —.

3ᵉ Arrondissement.

20. Rue Blondel, 4.   13 femmes.

4ᵉ Arrondissement.

21. Rue Farcy, 10.   10 femmes.
22. — Jean-Beaussire, 15.   10 —
23. — Maubuée, 29.   6 —

5ᵉ Arrondissement.

24. Rue de la Bûcherie, 13.   4 femmes.
25. — Maître-Albert, 23.   3 —.

6ᵉ Arrondissement.

26. Rue des Ciseaux, 7.   7 femmes
27. — Mazarine, 49.   14 —
28. — des Quatre-Vents, 5.   4 —

9ᵉ Arrondissement.

29. Rue Joubert, 4.   19 femmes.
30. — Montyon, 14.   19 —
31. — de Provence, 92.   10 —
32. — Taitbout, 56.   7 —

11ᵉ Arrondissement.

33. Rue Sainte Marguerite. 30.   7 femmes.
34. — de Montreuil, 112.   7 —

12ᵉ Arrondissement.

35. Boulevard Picpus, 94.   7 femmes.
36. Rue Traversière, 19.   8 —

13ᵉ Arrondissement.

37. Rue Harvey, 9.	5 femmes.
38. Boulevard d'Italie, 9.	7 —
39. — — 11.	11 —

14ᵉ Arrondissement.

40. Boulevard Edgard-Quinet, 63.	11 femmes.
41. Rue Jolivet, 7.	7 —
42. — — 16.	9 —

15ᵉ Arrondissement.

43. Boulevard Garibaldi, 10.	10 femmes.
44. — de Grenelle, 140.	6 —
45. — — 160.	10 —
46. — — 162.	10 —
47. Avenue Lowendall, 22.	10 —
48. — de Suffren. 106.	11 —

17ᵉ Arrondissement.

49. Passage Cardinal, 3.	22 femmes.
50. Rue Fragonard, 15.	8 —

18ᵉ Arrondissement.

51. Boulevard de la Chapelle, 106.	15 femmes.
52. Rue de la Chapelle, 157.	9 —
53. — de la Charbonnière, 25.	6 —
54. — Fleury, 1.	8 —
55. — de Steinkerque, 2.	10 —

19° Arrondissement.

56. Boulevard Sérurier, 4.   4 femmes.
57 —   de la Villette, 22.   14 —
58. —   —   164.   0   —
59. —   —   214.   15   —
60. —   —   226.   17   —
61. —   —   236.   11   —

20° Arrondissement.

62. Boulevard Belleville, 70.   7 femm.s.
63.   —   de Charonne, 18.   8   —
64.   —   —   152.   8   —
65.   —   de Ménilmontant. 88. 7   —

TOTAL : 686 FEMMES.

BRASSERIES :

En 1872, il existait à Paris :

40 brasseries desservies par 125 filles ;

En 1879 :

130 brasseries desservies par 582 filles ;

En 1882 :

181 brasseries desservies par 881 filles ;

En 1888 :

203 brasseries desservies par 1,100 filles.

Diverses expressions servent à désigner les maisons de tolérance. *Bordel* est le mot ancien composé de *bord* et *eau*, parce que, dit Bouchel, dans la *Bibliothèque du Droit français*, les lieux de débauches furent d'abord situés au bord des fleuves ou des rivières; les expressions les plus récentes sont : *district, bousin, magasin de blanc, claquedent,* par abréviation *claque, gros numéro,* et enfin *bocart.* En 1803, il suffisait d'une simple déclaration pour obtenir la tolérance nécessaire à l'établissement d'une maison.

La tolérance est essentiellement révocable, elle n'entraîne pas la *délivrance d'un titre d'autorisation,* elle ne se constate que par la remise d'un registre portant le numéro d'inscription au répertoire des maîtresses de maisons de tolérance, ce registre énonce sur ses premiers feuillets, les diverses obligations imposées aux femmes qui exploitent les maisons.

Jadis, avant la réglementation actuelle, les maisons tolérées avaient des enseignes; quelques-unes étaient si significatives que l'administration les fit supprimer.

Les maisons de tolérance sont réglementées d'une manière toute particulière; la *patronne,* pour la Préfecture de police, *madame,* pour les pensionnaires, *maman-maca,* pour les clients, ne peut tenir une maison sans être mariée; ce fait

présente une étrange anomalie ; il lui faut le con-
sentement de son mari, et cet homme est inconnu
à la Préfecture, la femme est seule responsable,
alors à quoi bon lui imposer un mari ?

Et quelles garanties ces alliances immorales pré-
sentent-elles ?

Je dis alliance immorale, elle l'est en effet,
le mari vit aux crochets de sa femme. C'est pour
les trois quarts au moins un ancien *dos ;* il continue, mais légitimement son ancien métier, il est
souteneur patenté, tout comme ses confrères, les
souteneurs ambulants, il est *électeur* et *éligible,*
une expression populaire le qualifie d'une façon
caractéristique : *sacristain* ; c'est le vieux mot :
marlier qui signifiait *marlou* avec un changement
de finale.

Le *sacristain* passe ses journées à la pêche ou à
la chasse, suivant la saison ; il a maison de campagne, bateau et voiture ; le soir il va au théâtre,
au café, au concert, il est mis à la dernière mode,
coiffé et chaussé comme un gommeux, souvent
ganté, en un mot, il vit comme un prince, n'apparaît chez lui que pour compter la recette et mesu-
rer l'eau de la fontaine avec sa canne, tout plie,
tout casse, chez lui quand il arrive ; les femmes
chuchottent : Voilà *Monsieur,* elles en ont plein la
bouche ; les garçons s'empressent ; la *maman-
maca* le débarrasse de son pardessus, elle lui

3.

demande timidement s'il s'est amusé, s'il a soupé,
au cas contraire, ce qu'il veut manger, elle bous-
cule tout le monde, les clients sont délaissés ; c'est

que généralement *Monsieur* a une bonne poigne et
qu'il ne badine pas.

A voir ces femmes si souples, si aimables, si
calines, cela donne envie d'être maquereau !

Pendant que le *sacristain* s'amuse, madame

turbine (travaille), pas par elle-même, car bizar-
rerie inexplicable, ce sont pour la plupart d'honnêtes femmes, malgré le milieu dans lequel elles
vivent ; c'est peut-être l'âge ou la satiété, peut-
être les deux qui les ont rendues honnêtes.

Quelles que soient les raisons, il est rare que
des plaintes s'élèvent contre elles.

Il y a des maîtresses de maisons qui sont des
catholiques ferventes, pratiquant régulièrement,
elles partagent leur vie entre l'église et leur comptoir, elles sont assidues aux offices, aux pèlerinages,
et certes, à les voir, un livre de prières à la main,
vêtues sobrement, les yeux baissés, on ne reconnaîtrait jamais la femme qui, le soir, dit si allègrement : *Allons, mesdames, au salon !*

Le monde des viveurs se souvient de la femme
Farcy, de la rue Joubert qui, retirée à Montargis,
avait légué sa fortune à l'église.

Elles ont baptiser leurs enfants.

J'ai assisté à une cérémonie de ce genre ; le
dîner, un dîner splendide, eut lieu, le soir, chez
un grand restaurateur du boulevard Clichy. La
marraine était une ancienne fille, établie marchande
d'objets de piété, aux environs de l'église Saint-
Sulpice ; le parrain était un ancien maquereau
retiré des affaires, conseiller municipal d'une commune des environs de Paris, cinq à six convives
de la *partie* complétaient l'ensemble.

Pendant la première partie du repas, on se serait c u chez un ambassadeur, tant les convives étaient corrects; mais au dessert, le vin aidant, les langues se délièrent, et les souvenirs d'autrefois, de jeunesse, se ravivèrent.

Ah! on ne songeait plus à l'église!

— Eh! la *Tinette*, disait l'ancien *mac* à la marchande de chapelets, te rappelles-tu quand j'étais l*a Terreur* (1) de la Chapelle, la volée que je t'ai foutue quand tu m'as *plaqué* pour la *figure de moutarde*?

— Si je m'en souviens, mais t'as pas eu la *galette*, tu m'en avais assez *bouffé*, t'as pas une dent dans la gueule qui ne me coute un *talbin* de mille, et si tu m'avais un peu plus *graissée* je t'aurais jamais quitté; aujourd'hui, au lieu de vivre en *pétrousquin* avec un tas d'imbéciles, tu vivrais comme un coq en pâte, au coin d'un bon feu, et tu ferais ton piquet avec les *ratichons*.

— Çà serait pas à faire.

— T'es un *doim,* les *pé-pètes* ça sent pas l'eau bénite.

— Laissez-nous, dit alors *Monsieur,* faites donc pas de *magnes*. La *Tinette, gouale*-nous-en une.

---

(1) *Terreur,* nom donné aux maquereaux dans les banlieues de Paris, *plaquée,* abandonnée, *galette,* argent, *graisser,* battre, *pétrousquin,* paysan, *ratichon,* curé, *daim,* ignorant, *pé-pètes,* argent, *magnes,* manières, *goualer,* chanter.

Aussitôt sans se faire prier la marchande de
chapelets, entonna d'une voix avinée la fameuse
chanson de l'*Épouse*, de notre camarade Victor
Meusy, lequel certes, ne la composa pas pour un
pareil public :

Messieurs, j'vous présente mon épouse,
C'est pas une femme comm' y en a tant,
Elle n'est ni prude ni jalouse
Mais elle possède plus d'un talent.
Ell' connaît la boxe et la lutte,
Ell' se sert fort bien du bâton
Et quant je lui cherche dispute...
C'est toujours moi qui r'çoit l'gnon.

C'est une femme étonnante,
Surprenante,
Abracadabrante,
Aussi, moi, son mari,
Moi son mari, j'en suis ravi.

Sur le billard elle est très forte,
Aussi son cousin Sébastien
Me disait : le diable m'emporte,
Ta femme carambole très bien ;
Devant son jeu plein de justesse
Plus d'un copain reste épaté,
Et pour montrer qu'c'est biend'adresse
Ell' prend la queue d'un invité.

Elle prend plaisir à l'escrime,
Son cousin est son professeur,
Ell'me fait peur tant ell's'anime
Elle'pousse des bottes avec fureur.
Jugez si ma terreur est vaine,
L'aut'soir je les entends crier...
J'arrive auprès de Madeleine
Son cousin v'nait de l'enfiler.

Ma femme s'occup' de politique,
Elle écrit dans plusieurs journaux,
Surtout à la *Revue hystérique*
C'est elle qui fait les tribunaux.
Elle est aussi le secrétaire
D'un pauvre bon vieux député,
A ce vieillard sexagénaire
Elle taill' des plumes par charité.

A l'empire ayant fait risette
Elle eut la décoration,
Depuis elle rêvait la rosette
Ça lui chatouillait le bouton
L'vieux député qui la protège
Disait au copain Gambetta,
« Faut envoyer Arnaud d'l'Ariège
Un jour où l'autre lui poser ça. »

Si vous le permettez, dit *Monsieur,* je vais vous
raconter comment on arrive avec de la conduite.

Écoutez ça, mes petites filles, et que la chanson
d'*Alphonse du Gros-Caillou* vous serve d'exemple :

Je m'appelle Alphonse et j'ai pas de nom de famille
Parce que mon père n'en avait pas non plus.
Quant à ma mère, c'était une pauvre fille
Qui était née de parents inconnus ;
On l'appelait Thérèse pas davantage.
Quoique pas mariés ce fut d'heureux époux
Et l'on disait : quel beau petit ménage
Que le ménage d'Alphonse du Gros-Caillou.

Au bout de trois ans ils eurent enfin la chance
Vu leurs principes, leurs bons antécédents
De pouvoir monter une maison de tolérance
Et puis surtout de mettre au monde quatre enfants.
Sur quatre enfants, Dieu leur donna trois filles
Qui ont servi dès qu'elles ont pu chez nous,
Ce fut tout de même une bien belle famille
Que la famille d'Alphonse du Gros-Caillou.

Tout prospéra, mes sœurs aidant ma mère
Car elles eurent bien vite fait leur chemin
Moi-même aussi et quelquefois mon père
S'il le fallait nous y mettions la main ;
Nous ne prenions dehors pas une fille,
Tout se faisait par nous-mêmes chez nous,
C'est que nous étions une bonne famille
Dans la famille d'Alphonse du Gros-Caillou.

Hors de chez nous nous avions des pratiques,
Mon père faisait les dames du Sacré-Cœur,
La Païva, madame... et toute sa clique ;
Ma mère faisait toute la maison de l'Empereur
La clientèle était assez gentille
Puis elle avait grande confiance en nous,
C'est que nous étions une bien douce famille
Dans la famille d'Alphonse du Gros-Caillou.

(1) . . . .
. . . .

Pourtant des fois fallait être solide,
Le 15 août, fête de l'Empereur,
C'était chez nous tout rempli d'invalides,
De fantassins, de dragons, d'artilleurs,
Dame! ce jour-là, c'est que le soldat... gambille,
Eh bien tout ça sortait content de chez nous,
C'est que nous étions une brave famille
Dans la famille d'Alphonse du Gros-Caillou.

Ma mère enfin s'est retirée des affaires,
Moi j'continue mais c'est en amateur,
Mes sœurs ont toutes épousées des notaires,
Mon père est membre de la Légion d'Honneur,

(1) Cette chanson, dont l'auteur est M. Lacombe, fut poursuivie par le parquet et M. Lacombe fut condamné à 5 francs d'amende, sans doute pour le couplet que je supprime, non à cause de son immoralité mais parce qu'il me semble peu respectueux pour la magistrature et justifie pleinement la condamnation.

De nos vertus la récompense brille
Et si parfois nous avons eu des jaloux
On dit tout d'même c'est une chouette famille
Que la famille d'Alphonse du Gros-Caillou.

La fête termin:e, le *mac* attendri et éméché dit
à la marchande de chapelets :

— Si nous allions, comme autrefois *casser une
canne?*

Au..efois, il y a à peine de cela quinze années,
chaque maison de tolérance avait sa *marcheuse*,
certaines de ces femmes faisaient primes grâce à
des qualités exceptionnelles ; elles étaient dispu-
tées, tout comme un ténor, en 1783. Mercier nous
disait, en parlant de la *marcheuse*, qu'elle était
plus nomade, qu'elle marchait pour les filles
demeurant en hôtel garni, celles-ci, ajoutait-il,
n'ont qu'une chaussure et un jupon blanc, faut-il
qu'elles exposent dans les boues leur unique habillement. La *marcheuse* affrontera pour elles les
chemins fangeux.

Beraud dépeint ainsi la *marcheuse :* un simple
bonnet la coiffe, sa robe est d'une couleur foncée
et un tablier blanc complète ce costume. Les
fonctions de la *marcheuse* sont d'appeler les passants à voix basse, de les engager à monter dans
la maison qu'elle représente, où, d'après ses
annonces banales, ils doivent trouver un choix
exquis de jeunes personnes.

La *marcheuse* vantait souvent sa marchandise,
mais quand la « société » était montée elle faisait

contre mauvaise fortune bon cœur : le vin était
tiré il fallait le boire!

Les *marcheuses* étaient pour la plupart d'an-

ciennes filles qui s'étaient rangées des voitures ;
pour se consoler de la vieillesse prématurée, elles
se saoûlaient et prisaient comme des Suisses, parfois, les jours de presse, elles mettaient la main à
la pâte !

Un client éméché n'y regardait pas de si près ;
d'ailleurs la nuit tous les chats sont gris.

Le règlement des maisons de tolérance est des
plus sévères, la moindre infraction entraîne la fermeture momentanée de la maison ou le retrait défi-
nitif de la tolérance, il leur est interdit de recevoir
des mineurs, des collégiens et des élèves de nos
écoles militaires en uniforme.

Cette interdiction est assez difficile à appliquer,
car on ne demande pas aux gens leur extrait de
naissance.

Les filles des maisons de tolérance ne doivent
pas coucher deux dans le même lit.

La mère ou la fille ou les deux sœurs mineures,
ou bien encore deux sœurs dont l'une n'aurait pas
atteint sa majorité ne peuvent rester ensemble
comme filles publiques dans la même maison de
tolérance, ou sous le même toit comme filles iso-
lées.

Sur les soixante-cinq maisons qui existent à Paris,
vingt-sept possèdent des estaminets, c'est-à-dire
qu'en bas il y a une salle où l'on boit et où l'on
fume, comme dans les cafés, on y sert toutes espè-

ces de consommations; l'ameublement est à peu près le même partout : des tables de marbre, des banquettes rembourrées recouvertes en moleskine et des glaces à profusion.

Dans les maisons à estaminets, il est interdit de placer en évidence des verres, bouteilles et autres ustensiles qui feraient croire qu'on donne exclusivement à boire.

Ce sont des garçons qui font le service.

Ces garçons ont des types à part. On les reconnaîtrait entre mille, généralement pommadés, tirés à quatre épingles, la fine moustache retroussée, l'air vainqueur, c'est le berger du troupeau; quand un client vient faire *flanelle*, c'est-à-dire consommer, sans arrêter son choix sur une de ces dames, le garçon le prie de sortir, s'il fait le récalcitrant, dame ! gare la sauce, il sera sans façon jeté dehors, et quand il tombe trop brutalement sur le trottoir, le garçon sans s'émouvoir répond :

— Il a sonné (*cassé la tête*).

Il a été écrit qu'à Paris les femmes ne se recrutaient pas, qu'elles venaient s'offrir d'elles-mêmes, c'est une erreur, les femmes se recrutent parfaitement. Les souteneurs qui font profession de débaucher les ouvrières, vont carrément les offrir, en opérer le placement. Le souteneur arrive et la conversation suivante s'engage entre lui et *maman-maca* :

— Qu'es'que tu veux Nib-de-Braise ?

— J'ai *dégoté* une *môme* qu'est rien *tapée* !

— Ous qu'elle est ?

— A la *lourde* du *claqué*

— Amène-la.

Entrée de la fille, blonde, coiffée en casque de pompier, le nez retroussé, mal vêtue, mais pas étonnée des regards curieux que les femmes lui jettent devinant une nouvelle.

— La *môme* est *affranchie*, elle n'a pas *avalé le pépin*, *remouche*-là, elle n'est pas *blèche*, reprend Nib-de-Braise.

— J'en veux pas de ta *demi-récolte*, vas dire à sa mère qu'elle la recommence.

— Çà vaut mieux que ton tas de *carnaval*.

— Elle a la *gueule* en *coup de sabre*.

— Crois-tu pas qu'on va venir ici dénicher des fauvettes.

— J'en veux pas.

— Ce sera pour une autre.

Nib-de-Braise sort fièrement, sa marchandise au bras.

Elles se recrutent aussi bien pour la province que pour Paris, mais pas de la même manière.

(1) *Dégoté*, trouvé, *môme*, petite fille, *tapée*, bien, *lourde*, porte, *claque*, maison, *affranchie*, pervertie, *avalé le pépin*, on dit aussi *bâtir sur le devant*, faire un enfant, *remouche*, regarde, *blèche*, laide, *carnaval*, vieilles filles, *gueule*, bouche; *coup de sabre*, bouche fendue jusqu'aux oreilles.

Il existe un *Annuaire spécial aux maisons de société*, il contient par ordre alphabétique, la nomenclature des villes de France et de l'étranger, avec la population flottante; des courtiers, quelquefois les maîtres de maisons eux-mêmes, partent en voyage dans tous les pays du monde et ramènent des filles rencontrées dans les brasseries ou dans les bureaux de placements.

Il existe à Paris, aux environs du Théâtre du Châtelet, un cabaret, dans lequel se réunissent périodiquement, les principaux maîtres de maisons de Paris, avec les maîtres de province qui viennent en *remonte*.

Là se font les échanges ou les marchés, car telle femme usée dans une ville de province, à Rouen, par exemple, devient neuve pour la clientèle parisienne et *vice-versa*. Cela donne lieu à des débats bien singuliers mais profondément écœurants.

En province, les maîtresses de maisons de tolérance habillent leurs pensionnaires, elles les forcent à la dépense pour la toilette, qu'elles révètent les jours de sortie, les femmes s'endettent, et comme elles ne *gagnent* pas assez, elles sont pour ainsi dire prisonnières à perpétuité, à moins qu'un homme généreux, cela se voit, paye leur dette, et les dégagent.

L'échange est chose simple.

— Combien rapporte telle fille ?

— Tant !

— La mienne tant !

— Je te la cède avec telle somme de retour.

— C'est conclu.

Le marché est plus difficile.

— Combien te doit la fille ?

— Mille francs, elle fait pour la maison quarante francs par jour !

— Et combien pour elle ?

— Cela dépend, à peu près autant.

Le cédant se garde bien de *débiner* sa marchan-dise, de dire qu'elle est gourmande, qu'elle a un *souteneur*, son confrère n'en voudrait pas, au contraire il en fait un modèle de sobriété, un peu plus il dirait qu'elle concourt pour le prix Monthyon.

Le marché se termine ainsi :

— La fille rendue chez moi je te paye ses dettes.

— Oui ! avec cent francs de prime et les frais de voyage remboursés.

— Tope là !

Ces ignobles marchés s'accomplissent toujours loyalement.

Pour les courtiers c'est une autre affaire, ils ne sont que trois ou quatre connus et n'appartiennent pas au joli monde des souteneurs.

Ils se tiennent généralement auprès de la fontaine du Chatelet, leur *commission* pour la *remonte*
est d'en moyenne cinquante francs, mais ils ne la
touchent qu'une fois la *camelotte* (fille) en wagon.

Parfois les tribunaux correctionnels jugent ces
gredins, mais hélas combien échappent aux mailles
des filets de la Justice!

Récemment deux repris de justice accostaient
une ouvrière de seize ans, simple comme beaucoup
de fillettes que l'on croit très délurées, ils lui par-
lèrent, causant d'affaires et non de galanteries, ils
l'entraînèrent dans un cabaret, lui versèrent à
boire, l'éblouirent par des promesses dorées et
l'embarquèrent le soir même à destination de
Troyes. L'un d'eux l'accompagna, il fut respectueux pour elle et la remit aux mains d'une dame,
chez qui lui dit-il elle aura une bonne place. Le
coquin toucha une commission de deux cents
francs, puis reprit le train.

La place est facile à deviner, la pauvre enfant
était dans une maison de tolérance, et, malgré sa
résistance, elle fut livrée aux clients.

La *maman-maca* eut peur, à cause de la jeunesse
de la malheureuse, elle la renvoya, hélas! un peu
tard, son capital était rudement ébréché.

Elle revint à Paris, mais elle fut découverte par
s deux gredins qui l'avaient vendues, et, ils l'ef-

frayèrent si bien qu'ils la revendirent à une maison
de Compiègne.

Ce fut sur une plainte de la sœur de la victime
que les deux bandits furent arrêtés à la gare de
l'Est, au moment où ils envoyaient je ne sais où
une enfant de quinze ans.

Il y a quelque temps quatre drôles de la plus
basse espèce et une *patronne* d'une maison de
tolérance, comparaissaient à la huitième chambre
sous l'inculpation d'excitation de mineures à la
débauche.

Les quatre gredins s'étaient associés pour fonder
un *établissement de commission*, le siège de leur
société se trouvait chez un marchand de vin, rue
de Jouy.

C'était là qu'ils amenaient les filles racolées
dans les rues de Paris, elles y demeuraient jusqu'à leur départ pour la province.

La lettre suivante, leur servait de modèle pour
entrer en négociations avec les maîtres de maisons :

Monsieur

Je suis marchand forain et je trouve très souvent dans
les fêtes et foires des *colis*.

Si vous vouliez vous entendre avec moi, peut-être pour-
rions-nous faire des affaires. J'ai en ce moment une jolie
blonde, vingt-cinq ans, assez grande, jolie et conve-

nable ; a déjà été en maison il y a quatre ans ; si vous
désirez la prendre, venez de suite ou me donnez l'ordre
de venir par dépêche. Voici les conditions : 100 francs,
moitié comptant, moitié dans un mois et frais de voyage
bien entendu.

En attendant, je vous serre la main cordialement.

CHARLES.

Rue de la Vignette, hôtel de la Lorette.

La commission demandée variait entre 70 et 100
francs selon la beauté du « colis » selon l'expression employée dans la lettre ci-dessus.

Toute fille de mine un peu gentillette qui
vaguait par les rues, leur était d'ailleurs bonne ;
ils ne s'inquiétaient guère si le sujet était mineur
ou majeur ; ils avaient en mains des actes de naissance de personnes âgées de vingt-quatre ou vingt-
cinq ans qu'ils appliquaient sans façon à leurs
recrues trop jeunes, et au besoin ils leur en fabri-
quaient un. On saisit au domicile de Charles, des
listes de femmes avec nom, prénoms, noms des
pères et mères, date de naissance, etc., etc.

Quand les racoleurs amenaient une fille nouvelle, on cherchait dans les listes et on lui faisait
son état-civil.

Le opérations de ces industrieux négociants
dureraient sans doute encore, si les parents d'une
jeune fille ne s'étaient avisés de se plaindre à la

police. Cette jeune fille est l'histoire de toutes celles qui défilèrent à la barre comme témoin.

La voici dans toute sa simplicité :

— J'habitais avec mes parents à Joinville-le-Pont et je venais tous les jours travailler à Paris, boulevard de Strasbourg. Le 17 mai dernier, je fus accostée dans le square des Innocents par Charles, accompagné d'une autre fille. Charles m'offrit d'entrer comme domestique dans une maison et me promit de beaux gages. Ça m'allait assez et je l'ai suivi rue de Jouy. Je fus installée dans un garni de la maison pendant deux jours avec l'autre fille, jusqu'au moment où une dame est venue nous chercher.

M. le président. — Et à ce moment là vous ne saviez pas à quoi vous en tenir sur ce qu'on voulait faire de vous ?

Le témoin. — Non, je ne savais pas où on me conduisait nous avons pris le train à la gare de l'Est, et ce n'est qu'une fois arrivée à Commercy que j'ai vu qu'on me conduisait dans une maison de plaisirs.

M. le président. — Vous n'aviez que dix-huit ans, et vous aviez prévenu Charles de votre état de minorité ?

Le témoin. — Oui, je le lui avais dit, mais il m'a remis un faux acte de naissance sous un nom supposé ; mon père m'a fait rechercher par le commissaire de police de Commercy ; mais ma patronne (la fille Benoît), m'avait déjà renvoyée à Paris, où mon père m'a retrouvée.

M. le président. — Combien Charles a-t-il reçu ?

Le témoin. — Cinquante francs, au moment du départ à la gare de l'Est.

Voici les explications d'un des maîtres de maisons de province auquel la bande fournissait du personnel :

— Charles m'a amené une jeune fille blonde en me disant qu'elle avait vingt-cinq ans, c'est lui qui m'a écrit pour *traiter l'affaire*, je lui ai remis 60 francs pour prix du « colis ».

— Charles et ses associés, dit le président, n'étaient pas seuls à se livrer à ce commerce, ils avaient des concurrents qui cherchaient à les évincer, c'est bien à vous qu'on a écrit la lettre suivante :

Monsieur,

Ayant appris que vous étiez venu me demander chez moi et qu'un de mes collègues vous avait présenté quelque chose qui est de la marchandise dans de très mauvaises conditions sur l'âge qui n'est que de dix-sept ans, et qui est habituée à faire son petit manège, vu qu'elle a été chez M. B..., à Versailles, et chez M. V..., à Dreux, et finalement qui est la femme de Bernard.

Comme je ne travaille pas dans ces conditions, tirez-en votre profit, si vous ne voulez pas perdre votre argent. La personne est blonde et Hollandaise.

En vous serrant la main.

ÉMILE.

— Oui, répond très placidement le *sacristain*, et il paraît trouver singulier que l'auditoire s'étonne des termes de cette lettre ; à ses yeux elle est sans doute absolument naturelle.

Tous furent condamnés, la *maman–maca* également !

La police a beau les arrêter, chaque jour il en surgit de nouveaux, il n'est sorte de ruses qu'ils n'emploient pour la dépister, changement de *truc* de quartier, de nom, ils mettent tout en œuvre pour attirer les jeunes filles, surtout quand elles sont mineures.

Un de ces gredins avait remarqué que les murs de l'église Saint-Eustache sont tapissés d'annonces de toutes sortes que viennent journellement consulter les jeunes ouvrières en quête de travail, il imagina d'y apposer des avis traîtreusement libellés pour leur offrir de l'ouvrage.

L'offre était alléchante la jeune fille se rendait à l'adresse indiquée, là, elle trouvait le « courtier » qui achevait de la décider, comme le précédent, et l'expédiait en province comme « colis » avec la lettre suivante :

Madame,

Je vous envoie un colis de choix au tarif convenu de 300 francs ; j'ai encore à votre disposition divers articles extra fins dans la nuance blonde ou brune, à votre bon plaisir, et à la cote comme ci-dessus.

4.

Loyauté et discrétion, et l'avenir est à nous.
Salut et bonne fraternité.

H. B.

L'existence des filles de maisons est un emprisonnement volontaire, elles ne sortent que
tous les quinze jours, à moins qu'un *miché* (1)
ne paye leur sortie dont le prix varie suivant les
maisons, dix francs dans les bas quartiers et un
louis dans les quartiers du centre, elles payent leur
nourriture en moyenne deux francs par jour ; deux
repas, et à minuit un souper composé de pain et
de fromage, sans vin et sans café, cette nourriture
de chartreux est calculée, les filles qui ont bu toute
la journée et toute la soirée n'ont pas faim, il leur
faut des choses excitantes, de la charcuterie ou de
la salade, la maison leur fournit ces plats supplé-
mentaires, qu'elles payent très chers, et, réalise
de ce fait des bénéfices considérables, suivant le
nombre des pensionnaires.

Les filles partagent avec la maison le produit
de leur travail, ce que les hommes leurs donnent
pour leurs *gants* (pourboire) leur appartient en

(¹) *Miché* était déjà connu en 1764, Mérard de Saint-Just dit
ceci :

D'ou vient qu'on appelle Miché
Quiconque va de nuit et se glisse en cachette
Chez des filles d'amour, Barbe, Rose ou Fanchette?

propre, ce serait d'ailleurs difficile à controler,
même avec un compteur automatique, ce pourboire
n'étant jamais régulier, l'homme gris, le vieillard
sont généralement généreux,

Tout comme les filles publiques en appartement
les filles de maisons ont une clientèle, des hommes
qui leur sont fidèles (on ne s'attendait pas à
trouver de la fidélité en cette affaire), quand la
fille est *sous presse,* en *lecture,* c'est-à-dire
occupée dans sa chambre, ils attendent patiem-
ment leur tour dans l'estaminet, quand la fille re-
descend, cela ne les émeut pas de voir le client de
passage l'embrasser et de l'entendre lui répondre
d'un air aimable : à une autre fois mon chéri,
amène- moi des amis.

Les filles, suivant les maisons, sont vêtues de
façons différentes ; dans les quartiers excentriques
elles portent des maillots, rouge, chair ou gris de
fer, une tunique de velours noir, en coton rapé et
des fleurs artificielles en diadème sur la tête, cela
leur donne l'aspect de ces singes à qui les
joueurs d'orgues ambulants font jouer des cymbales
dans les carrefours.

Cet accoutrement grotesque est des plus comi-
ques. Comme ce sont les maisons qui fournissent
ces costumes, on conçoit qu'elles ne les renouvellent
qu'à la dernière extrémité, quand ils n'en veulent
plus, suivant l'expression consacrée, ce qui fait,

que lorsque les filles changent de maisons, aucun maillot, ni aucune tunique n'est à la taille de la pensionnaire, une fille géante doit se contenter d'un maillot trop court, une énorme d'un maillot étriqué, qui crève, sous le poids des chairs flasques qui se répandent sans façon ; pour le corset c'est la même chose, il est impuissant à maintenir un estomac toujours en état de vagabondage ; c'est un ballotage perpétuel !

Dans le quartier de l'École-Militaire, les femmes sont en chemises de mousseline, cela les fait ressembler à d'énormes poupards, ce costume léger est plus dégoûtant, la nudité à peine cachée, s'étale dans toute sa hideur, d'autant plus que la plupart de ces filles [ont de trente-cinq à quarante ans, quelquefois plus et qu'elles sont avachies par l'âge, la boisson et un labeur continuel ; ce sont de rudes travailleuses: qui ne rechignent pas sur la besogne ; car de certains jours, surtout au moment ou les réservistes font leur vingt-huit jours, ceux-ci envahissent les maisons de tolérance, alors elles travaillent à la série, supposons dix filles, c'est la moyenne ; deux seulement sont potables, ne pas lire pelotables, elles doivent supporter vaillamment la secousse de la presse passagère, la sous-maîtresse de la maison leur délivre des numéros d'ordre, comme dans les bureaux d'omnibus.

La correspondance n'est pas admise.

Un de ces grands jours, un jeune sous-officier de mes amis avait le numéro 27 !!

Dans ces maisons tous les vices se confondent, toutes les passions les plus monstrueuses sont considérées comme chose naturelle, chez Amélie, rue Feydeau, un soir, j'entendais des hurlements féroces, on se serait cru dans la baraque d'un dompteur, ils provenaient d'une salle située derrière le salon, salle réservée aux privilégiés, j'en demandais la cause, une femme me répondit négligemment : c'est le capitaine.

Intrigué, je voulus connaître ce capitaine, elle entrebailla la porte, et je vis un homme jeune, décoré de la Légion d'honneur, étendu sur un canapé, devant lui, un guéridon, sur lequel étaient cinq à six bouteilles de champagne, vides ; deux femmes vêtues d'une chemise de gaze, lui tenaient compagnie, il ne les touchait pas, sa passion était de se saoûler avec elles, et quand l'ivresse avait atteint son paroxysme, il se roulait en hurlant.

Toutes les semaines, pendant deux jours, il se livrait à cet exercice abrutissant.

J'ai voulu me rendre compte par moi-même de l'intérieur d'une maison de tolérance à estaminet, j'allai trouver un des placeurs spéciaux qui fournissent les garçons à ces maisons, je m'offris comme tel, après m'avoir examiné il me remit une lettre qui m'accréditait auprès de *maman—maca*, cette dernière me reçut avec politesse, me donna un tablier et m'expliqua ce que j'aurais à faire.

Ce n'était pas compliqué.

La porte d'entrée est située sur un boulevard très fréquenté, le comptoir est adossé au mur, *Madame* trône derrière, et son regard peut embrasser l'étendue de la salle, celle-ci est longue, de chaque côté des tables et des banquettes, au fond, deux portes, l'une conduit à la cour, aux cabinets, l'autre à une petite salle à manger, entre ces deux portes l'escalier qui donne accès aux étages supérieurs, où se trouvent les chambres des filles.

Ces chambres sont meublées sommairement, un lit, une commode, une table de toilette, aux murs, des porte-manteaux qui supportent les effets de celle qui l'habite.

Il est défendu expressément aux femmes, de monter dans leur chambre sans être accompagnées d'un homme qui, préalablement paye au comptoir le prix de la maison, il est, je pense, inutile d'expliquer pourquoi l'usage veut que l'on paye d'avance, si après coup, l'article a cessé de plaire, la maison n'étant pas au coin du quai, on ne rend ni l'argent ni la marchandise.

Aux deux dernières tables, placées près de la porte de la cour, je remarquai trois hommes dont le type, les manières et le costume indi-

quaient exactement la profession, ils ne consom-
maient pas; chaque fois que deux femmes sortaient
ensemble, aussitôt un des hommes se levait,
quelques minutes écoulées, les deux femmes revenaient, les cheveux en désordre, en s'essuyant fur-
tivement les yeux, l'homme rentrait se rasseoir
tranquillement.

Pourquoi ce manège?

Les femmes, par tempérament, perversion ou
dégoût du métier qu'elles exercent, méprisent les
hommes, en outre étant en contact journalier elles
forment un ménage, on les a appelés successivement: des *Inséparables*, on dit aussi : *être*, être de
la *garde nationale* est une expression très usitée,
ces *ménages* subissent les mêmes phases que les
ménages réguliers, amour, passion jalousie, on
conçoit que les maîtresses de maisons de tolérance,
fassent tous leurs efforts pour empêcher ces liaisons qui nuisent à leur commerce, en effet, quand
elles sont *collées*, les filles ne veulent plus travailler, alors pour parer à cette situation, elles
tolèrent les souteneurs, qui, aussitôt qu'ils voient
deux femmes se parler de trop près, tombent
dessus sans pitié et leur administrent une volée
numéro un, ils appellent cela : les ramener aux bons
sentiments.

Généralement, vers minuit, les maisons de tolérance ferment, mais la porte reste ouverte jusqu'à

deux heures pour les consommateurs de l'estaminet, à cette heure elles ferment complètement, les
femmes revêtent une toilette de nuit et attendent
la pratique ; *le coucher*, cette expression désigne
l'homme qui vient *coucher,* fait son choix, paye
sa *mise* (la somme voulue), et tous deux montent,
les autres femmes restent environ jusqu'à quatre
heures, jouent et fument.

Celles qui n'ont pas la chance d'avoir un *coucher*
montent seules ; un peu après leur souteneur vient
combler le vide, dans le cas contraire, le souteneur
va coucher dans son garni et comme l'homme qui
a passé la nuit dans une maison de tolérance, ne
tient pas à être vu des passants il s'en va de bon
matin, alors le souteneur vient prendre sa place ;
si c'est en hiver, il éprouve la douce satisfaction
de la trouver toute chaude, et si la femme n'a pas
eue la précaution de *carer la Braise* (cacher l'argent) il a la non moins grande satisfaction de la
barbotter, petite opération qui n'a pas lieu sans
protestations de la part de la femme, cela arrive
rarement, car les femmes *roublardes* ont mille
moyens de dissimuler la recette.

Comme les clients donnent généralement une
pièce blanche, le controle serait facile pour le souteneur, autant de pièces dans le bas qui sert de
tire-lire, autant de travail accompli, alors elles
changent les pièces de monnaie contre des piè-

ces de cinq francs plus faciles à dissimuler.

Il y eut, à Paris, des maisons célèbres connues dans le monde entier, la *Patte de Chat*, démolie pour le percement de l'avenue de Villers fut du nombre, la patronne était une gaillarde qui n'avait pas froid aux yeux ; dès qu'un tapageur commençait la *musique* (bruit), elle l'empoignait sans façon et le posait délicatement sur le trottoir ; elle avait une façon particulière d'enfler sa voix qui faisait la joie des habitués. Son tic était de dire : si tu ne te tais pas je vais appeler mon réfugié Polonais et mon décoré de juillet, à cette menace, précurseur de l'orage, le silence se faisait ; la *Patte de Chat* était divisée en salons isolés, les clients ne se mélangeaient point, c'est avec orgueil qu'elle parlait de son salon affecté spécialement aux décorés !

Un haut fonctionnaire du gouvernement, que je ne nomme pas y a trouvé une épouse dévouée dans des circonstances curieuses :

Habitué de la *Patte de Chat*, il avait remarqué une jeune femme, dont la tenue contrastait étrangement avec celle des autres pensionnaires, c'était sa préférée, un jour elle lui fit remarquer qu'il n'avait pas de boutons à sa culotte, que le galon de son gilet était effiloché ; donne-moi ta clé, lui dit-elle, demain c'est mon jour de sortie, je te mettra cela en ordre. il lui donna sa clé, et, quand il

5

rentra, il trouva ses effets raccommodés, son linge
reprisé, bref tout en ordre parfait. Il fit faire une
seconde clé qu'il lui laissa. Cette fille économisait

ses pourboires, pour payer sa sortie en dehors des
jours qui lui taient accordés, et allait raccomoder
les affaires de son ami ; cela dura une année, puis

un beau jour il l'épousa !...... et faut-il le dire,
dans son salon, elle n'est pas plus mal qu'une
autre, excepté que quand on lui demande si elle a
du monde, elle répond, affaire d'habitude, ces
dames sont au salon !

Il y a des maîtresses de maisons qui sont amies
des gens de lettres, d'autres des acteurs ; Amélie,
rue Feydeau, avait une prédilection marquée pour
les orateurs de réunions publiques (à cause du mot
sans doute).

Ce fut chez elle que mourut un individu ultra-
radical qui s'était acquis une réputation, en prési-
dant, vers 1873, les réunions du Casino Cadet.

Un de ses anciens familiers est mort sous-préf.t,
et beaucoup d'arrivés lui doivent leur situation,
pour avoir été aidés discrétement.

Amélie est mariée en province, à un officier
supérieur en retraite et présidente d'une œuvre de
charité qui a pour but de soustraire les orphelines
à la prostitution,

Cette maison est disparue.

Au Théâtre de l'Ambigu, il y eut longtemps
deux jeunes acteurs, vieux aujourd'hui et presque
célèbres ; leur existence était mystérieuse, toujours bien vêtus malgré leurs modestes appointe-
ments, ils arrivaient aux répétitions, le cure-dent
aux lèvres, rubiconds, satisfaits, en gens qui

digérent bien, et pourtant personne ne les avait jamais vus entrer dans un restaurant.

On ignorait leur adresse.

Ils devaient ce bien-être à une maquerelle bien connue de la rue Sainte-Appolline.

Ils n'étaient pas souteneurs, ils gagnaient leur existence grâce à un stratagème imaginé par la bonne femme.

Ils figuraient le soir au salon !

Elle avait remarqué que la foule attire la foule, elle avait embauché une demi-douzaine de jeunes gens, qui *figuraient* les clients et elle leur donnait le coucher, la nourriture, l'habillement et...... le reste, les nuits où des dames n'avaient pas de *couché*.

Le proverbe dit : bon cœur comme une putain, il est absolument vrai, car elles ne se contentent pas d'avoir bon cœur, elles sont reconnaissantes.

L'aventure suivante le prouve :

La fille d'un riche boucher du faubourg Saint-Antoine, avait pour amant un vieil employé supérieur, de la préfecture de police (mort aujourd'hui), un jour elle lui tint ce langage :

— Je suis fatiguée d'être au compte des autres, je voudrais m'établir, toi qu'as le bras long fais-moi avoir l'autorisation de tenir une maison de tolérance.

— Mais c'est immoral de vendre de la chair humaine.

— Ça le sera moins que de vendre la mienne.

— Et puis, dit le bonhomme, il va falloir que tu te maries, et je ne pourrai plus.... t'aimer comme autrefois.

— Que tu es bête, au contraire, mon mari sera un chapeau.

Il lui fit obtenir l'autorisation sollicitée, et elle s'établit dans un quartier du centre de Paris (cette maison jouit aujourd'hui d'une grande réputation)

Fatiguée du vieux qui faisait de l'œil à ses pensionnaires, et qui malgré son âge ne voulait pas *carmer* (payer) ce qui ne faisait pas les affaires, elle le congédia, mais comme elle tenait à lui témoigner absolument sa reconnaissance, voici ce qu'elle imagina :

Le vieil employé avait une fille admirable, elle en fit la sous-maîtresse de sa maison, comme cela, dit-elle, elle aura une position !

La maison de tolérance qui existait rue des Moulins, jouit aussi d'une célébrité européenne, pour la désigner on disait : aller chez Jonathan.

Il y avait là un assortiment de filles des plus remarquables, et les genres les plus variés pour les blasés. Filles costumées en mariées, en pensionnaires, en religieuses, en nourrices, Cora la

négresse y fit longtemps florès. Il existait dans
cette maison des *marcheuses* qui faisaient la ville;
elles sortaient le soir, correctement vêtues, arpen-
taient les boulevards, les grands quartiers, elles
se faisaient suivre, puis faisaient l'article au
suiveur et le *ramenaient* à la maison. *La souris*, fut
une des plus illustres, elle n'avait pas sa pareille
pour embobiner le client hésitant, elle lui aurait
promis au besoin la Reine d'Angleterre !

A quel motif attribuer la diminution toujours
croissante des maisons de tolérance ?

Se ferment-elles par extinction de tolérance ?

Par expropriation ?

L'autorité veut-elle les éliminer de l'enceinte
de Paris pour les rejeter dans les régions subur-
baines ?

Non ! elles ferment tout simplement parce que
l'autorité ne réagit pas contre la prostitution clandestine, qui s'étale honteusement dans les brasseries, dans les rues, dans les restaurants de nuit,
partout en un mot où il y a agglomération
d'hommes !

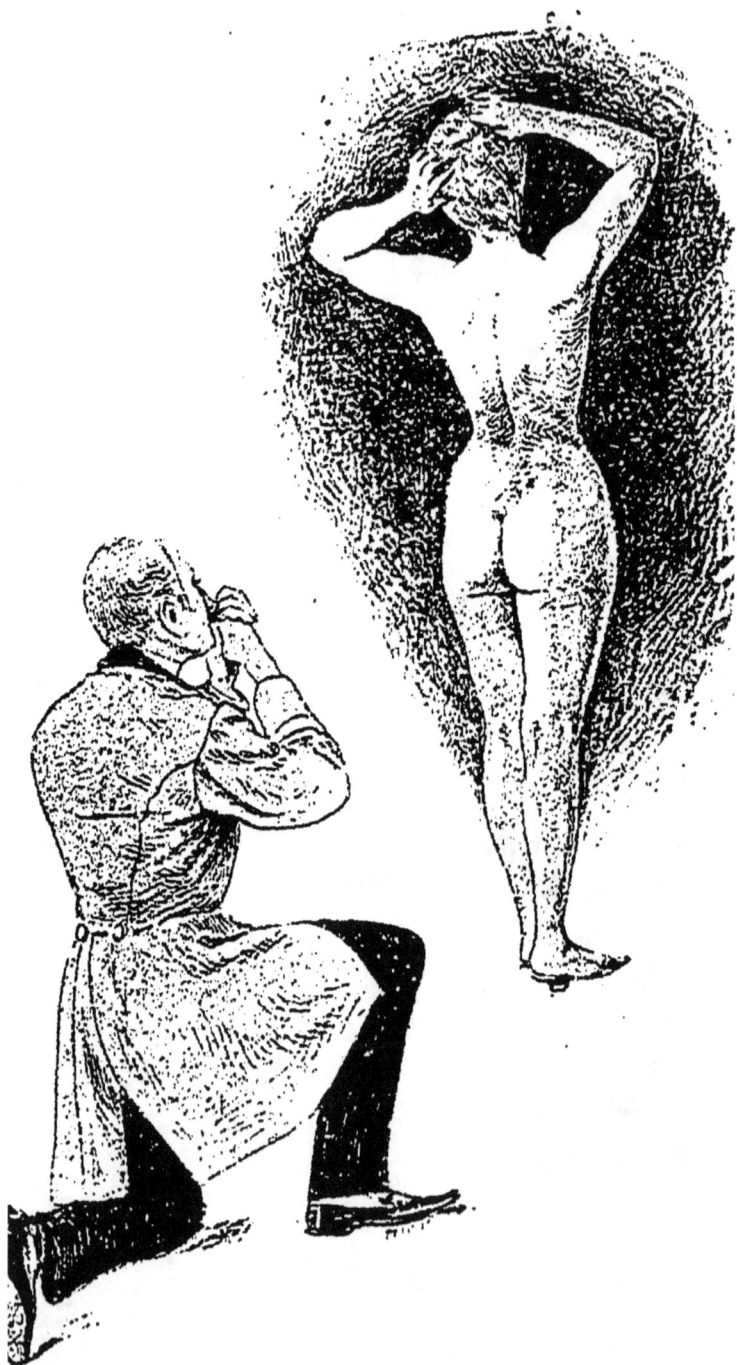

Dix espèces de femmes. — La persilleuse.— Appellations de filles. — Les différentes manières. — Le coup de l'hôtel. — Le coup des Halles. — La diligence de Lyon. — Trop tard. — Un quatrain de Glatigny. — Une conversation réaliste. — Les maisons de passes. — Les maquereaux patentés. — Le coup de l'Eglise. — Une messe à l'Elysée Montmartre. — Le coup du jardin public. — Le coup de la bonne. — Le coup de l'omnibus. — Le coup du cimetière. — Le coup des ratés.

Le poëte Simonides d'Amorgos dit qu'il y a dix espèces de femmes :

La première tient de la truie fangeuse ;

La deuxième, du renard rusé ;

La troisième, de la chienne hargneuse ;

La quatrième, de la terre brute ;

La cinquième, de la mer capricieuse ;

La sixième, de l'âne entêté ;

La septième, de la belette maigre et voleuse ;

La huitième, du cheval à la belle crinière ;

La neuvième, de la guenon laide et méchante ;

La dixième, de l'industrieuse abeille.

Il en existe une onzième : *la Persilleuse.*

Persiller est une déformation du mot ; *pes-
siller, prendre* qui signifie : *pêcher, hameçonner.*

Au moyen âge on disait : *pescaille* pour poisson pêché.

L'expression de *persiller* est entrée dans le langage actuel, aussi bien dans celui du peuple que
dans celui du monde, je ne dis pas qu'on l'enseigne au couvent du Sacré-Cœur, mais enfin l'on
s'en sert journellement, elle a remplacée l'expression de *racoler, raccrocher, ramener,* d'ailleurs
elle exprime énergiquement ce qu'elle veut dire.

Pour la *Persilleuse,* l'homme est une proie,
comme le poisson pour le pêcheur, tout comme
ce dernier, elle l'amorce, du regard, du geste, en
se retroussant de façon à laisser voir la jarretière,
surtout si elle a la jambe bien tournée, par un
déhanchement significatif, afin de le pêcher ensuite.

La *persilleuse* s'est successivement appelée :
Ambulante.

Autel de besoin, par allusion à l'hôtel qui
s'ouvre pour ceux qui payent.

Camelotte, Chameau, Chiasse, Pouffiace quand
elle est avariée.

Vadrouille. Cette expression dans la marine signifie : *Brosse à plancher.*

Conasse, fille insoumise qui fait concurrence à
une autre qui est établie à poste fixe.

Vague, Rôdeuse.

Mademoiselle du Pont-Neuf, tout le monde y passe.

Gironde, quand la fille est jolie, bien faite, qu'elle porte à la peau.

Gonzesse, Largue, argot des voleurs qui en ont fait *larquepé.*

Limace. Traîneuse.

Poniffe, Magneuse, Marneuse, filles qui travaillent au bord des rivières.

Ménesse, prostituée.

Wagon, Omnibusarde, d'Omnibus, femme à tous.

Pierreuse, parce que de sept à onze heures, elle bat son quart sur le pavé.

Terrière, quand elle raccroche dans les terrains vagues.

Punaise, cette expression date de 1862, elle est due à un gavroche. Sur le boulevard Montmartre, une fille hèle un cocher : Au Bois, lui dit-elle; *au bois de lit, punaise,* fait le gamin.

Rempardeuse, se dit aussi : *Marie-pique-rempart.*

Autour des caserne, dans les villes de garnison, les troupiers nomment les persilleuses : *Paillasse à soldat, Marie sac au dos* (toujours prête) et le plus souvent : *Portion,* allusion à l'heure de la soupe, quand le soldat a faim, dit Rigaud, il tombe sur la viande.

Les *persilleuses* appartiennent à toutes les catégories de femmes, elles se subdivisent à l'infini,
chacune à sa spécialité, depuis la fille qui raccroche en équipage, jusqu'à la malheureuse qui
traîne la savate et raccroche les *poivrots* dans les
caboulots.

Les coups de *l'Hôtel* — des *Halles* — de *l'Église*
— des *Jardins publics* — de la *Bourse* — de la
Bouquetière — des *Omnibus* — de la *Veuve* — du
Cimetière — de *l'Enfant* — des *Ratés* — de la
Blanchisseuse — du *Chemin de fer* — et enfin de
l'*Abandonnée* sont des inventions tout ce qu'il y a
de plus moderne.

La *persilleuse* suit le progrès, elle ne veut pas
se laisser distancer par le téléphone.

Quelques-unes pour exercer ce qu'elles appellent
« leur état » réalisent de véritables traits de génie,
elles ont un œil de lynx et la patience d'un peau-
rouge.

C'est une revue curieuse à passer, passionnante
même pour un indifférent, à plus forte raison pour
un observateur.

On rencontre souvent dans les escaliers des
hôtels, principalement dans les grands quartiers,
où descendent des voyageurs riches, des jeunes
filles mises modestement, à l'air candide, qui
portent allègrement un petit carton, lequel paraît
contenir des objets de toilette quelconque ; elles

gravissent les escaliers, délibérément, sans hésitation, sûres d'elles-mêmes ; elles frappent à la
porte, au nᵒ 25, par exemple, de l'intérieur une
voix crie :

Entrez.

Elle entre.

Un monsieur quelconque est là, couché, ou
vaquant à sa toilette ; elle feint de s'être trompée ;
elle rougit, s'excuse en balbutiant, puis s'essuie le
front comme essoufflée d'avoir gravi rapidement
les étages.

Le monsieur, jette sur elle, à la dérobée, un
regard furtif, comme elle est généralement jolie,
il la prie de se reposer un instant.

— Oh ! non, monsieur, fait-elle, chez un homme
seul, si ma mère le savait !

Le monsieur la débarrasse doucement de son
carton et la force à s'asseoir sur le canapé.

La conversation s'engage.

La *persilleuse* fait son boniment, il ne varie jamais...

Le soir le monsieur raconte sa bonne aventure,
il vante les mérites de sa conquête ; il se reproche
même d'avoir séduit une ouvrière, oh ! elle n'a pas
été exigeante, ajoute-t-il : deux louis.

Elle aussi, avec son souteneur, quelque fois
même en famille, elle boit à la santé du *dépuceleur*

de nourrice, qui a casqué de deux *sigles* pour sa *bidoche* (1).

Comment cette fille a-t-elle pu pénétrer dans cet hôtel qui est généralement bien surveillé ?

L'interprète, le chasseur, ou un des garçons de l'hôtel sont les jardiniers qui se chargent de faire fleurir cette *fleur de persil* en lui fournissant les indications nécessaires pour pénétrer chez les voyageurs.

A un moment donné, cette prostitution était exercée sur une si grande échelle, que le gérant d'un des plus grands hôtels du boulevard des Capucines, dut faire apposer une affiche défendant de monter dans les chambres sans être accompagné.

Cela fut inutile, pour cent sous les garçons restaient sur le palier.

C'est ce que la *persilleuse* appelle le *coup de l'Hôtel.*

Le *coup des Halles* est plus malpropre.

En toutes saisons, la cloche sonne pour faire évacuer le carreau des Halles par les maraîchers qui l'occupent depuis minuit ; le déblaiement n'est guère fait avant huit heures en été et dix

(1) *Dépuceleur de Nourrce,* homme qui s'imagine avoir trouvé la pie au nid, *casqué,* payer, *sigles,* pièce de vingt francs, *bidoche* viande.

heures en hiver. Aussitôt les balayeurs prennent possession du trottoir, les uns armés de balais, les autres d'arrosoirs ; en un clin-d'œil, la place est nette et propre.

Mais au marché aux légumes succède le marché à la viande. Au fur et à mesure que le trottoir est nettoyé, on voit arriver, isolément, des *persilleuses* en cheveux, vêtues généralement d'une robe noire, les reins ceints par un tablier de même couleur, comme en portent les ouvrières ; elles ont un panier au bras, la plupart sont jeunes, mais paraissent vieilles, figures tirées, pâles, souvent les yeux *pochés* (1) ou égratignées quand le *turbin* n'a pas la veille été *rondouillard*, les *marlous* les ont passées à la *daudée*.

Toutes sont bien chaussées, et ont le bas bien tiré, c'est une enseigne qui indique l'état du matériel.

Elles font les cent pas, de la rue Pierre-Lescot à la rue de Vauvilliers, elles circulent effrontément, au milieu des sergents de ville, plus occupés à chasser et pourchasser de pauvres femmes qui essayent de gagner quelques sous en vendant des légumes ou des citrons. A ce qu'il paraît que tra-

_____

(1) *Poché*, œil noir par un coup de poing, on dit aussi : *œil au beurre noir, turbin*, travail, *rondouillard* f----tueux, *marlous*, souteneurs, *daudée*, des coups.

vailler est un crime et que *persiller* est une chose
honnête.

Elles poursuivent les gens avec une persistance
acharnée. Oh! leur prétention n'est pas grande,
deux francs! c'est pour rien en raison de ce
qu'elles offrent, pour ce prix là elles vont même
jusqu'à promettre la *diligence de Lyon*.

La *diligence de Lyon* est une légende populaire
dans le monde des filles, comme celle de Laramée
dans l'armée.

Un soir un homme entra dans une maison de
tolérance; une fille, après lui avoir proposé toutes
les choses imaginables pour le décider à monter,
à bout d'éloquence, finit par lui dire :

— Je te ferai la *diligence de Lyon* !

— Impossible ce soir, dit l'homme, je reviendrai
demain.

Le lendemain il fut exact; il demanda la fille.
Elle vient de partir pour Rouen, lui fut-il répondu.

Il partit aussitôt pour cette ville. Elle venait de
partir pour Rome.

Il partit à sa recherche, parcourut l'Allemagne,
'Angleterre, l'Espagne, l'Italie, chaque fois il la
manquait d'un jour.

Cela devint, pour cet homme, une toquade, une
idée fixe, partout il demandait la *diligence de Lyon*

— Rosalie seule connaît le secret. lui répon-
dait-on.

Il revint à Paris... Enfin, n'y tenant plus, il alla aux messageries Laffitte et Gaillard et prit son passage pour Lyon.

A Lyon, il parcourut les Brotteaux, il fit toutes les maisons une à une, répétant toujours : *diligence de Lyon.*

On le prenait pour un fou, mais comme il était inoffensif et payait largement on flatta sa manie.

Un soir, à la Croix-Rousse, il fut accosté par une fille, il tressaillit de joie, en reconnaissant sa voix, il lui prit le bras, la conduisit sous un bec de gaz... C'était Rosalie. D'une voix haletante, entrecoupée par l'émotion, il lui cria : la *diligence de Lyon?*

— Viens, lui répondit-elle.

Elle l'emmena dans un bouge de la rue de l'Aumône, il monta précipitamment et avant même qu'elle n'eût allumé la chandelle, il répéta son refrain : la *diligence de Lyon?*

— Écoute, lui dit-elle.

Il faut acheter cinquante mètres de câble, une ancre de marine en acier, cinq kilos de chandelle, un tonneau de mélasse, un kilo d'essence de rose, trente éponges, la graisse d'un guillotiné, un fémur de fille vierge...

— Et?

Rosalie ouvrit la bouche pour continuer, mais

aussitôt elle tomba comme une masse sur le carreau de la chambre.

Elle était morte.

L'homme devint fou. C'est depuis cette époque que les filles promettent la *diligence de Lyon* comme jouissance suprême qui n'a jamais été réalisée.

Sur les trottoirs des Halles la question de marchandage est des plus curieuses.

En voici un échantillon :

— Monsieur, écoutez-moi donc, mon beau blond, je suis très aimable, je ne *perche* (1) pas loin

— Mon gros chéri je n'ai que vingt sous, dit le *raleur.*

— En te fouillant tu en trouveras bien trente.

L'homme fait mine de se fouiller.

— Je n'ai vraiment que vingt sous, reprend-il.

— Vas te coucher sale mufle ! dit la femme en fureur, je préfère *bouffer la botte* que de faire l'amour aux *chasses.*

Il en est qui sont plus avenantes :

— Viens me voir mon petit homme, j'ai été ce matin à *Montretout* et je ne fais pas la *souris* !

Glatigny, à propos de cette expression a écrit quelque part :

(1) *Percher*, domicile, *raleur*, marchandeur, *bouffer la botte*, amour platonique faute de mieux, *chasses*, jeux, *montretout*, la visite, *faire la souris*, voler le client.

En robes plus ou moins pompeuses
Elles vont comme des *souris*,
C: sont les jeunes retapeuses
Qui font la gloire de Paris.

L'homme passe dédaigneux, sans se retourner, la fille ajoute :

— Tu verras, j'ai pas *chargé* (1) ce matin.

Impatienté et furieux de ce qu'elle lui a pris le bras, il se dégage en lui lançant cette épithète :

— *Bifteck à corbeau.*

— T'as de la chance que mon homme tire un *bouchon,* s'il était là tu pourrais *numéroter tes abattis !*

Quand l'homme se laisse tenter, la fille marche devant pour indiquer le chemin; il la suit et ils montent dans un des nombreux bouges qui avoisinent les Halles.

Ces bouges, en plein cœur de Paris, sont tout ce qu'il y a de plus infect, ils se trouvent dans le pâté de maisons situé entre les rues Saint-Denis, Montmartre, Turbigo et Rambuteau.

On a beaucoup écrit sur ces cloaques, l'imagination la plus fertile ne peut en rendre l'horreur dans toute sa réalité.

(1) *Chargé,* pas travailler, *biffteck à corbeau,* viande pourrie, *tirer un bouchon,* dix ans de prison, *numéroter ses abattis,* ses membres.

Toutes ces maisons datent du moyen âge, ce
sont les derniers vestiges du Paris de Philippe-
Auguste, les rues sont étroites, les maisons se touchent, les allées sont sombres, fuligineuses, squa-
lides, les ordures qui y sont amoncelées puent et
rendent les dalles glissantes, les murailles sont vis-
queuses, les escaliers usés, raides comme des
échelles de meunier, les lieux et les plombs répandent une odeur nauséabonde, sur les carrés grands
comme des mouchoirs de poche, les femmes ont
placé des fourneaux en terre, sur lesquels cuit un
maigre pot-au-feu, où grésillent des harengs ; les
couloirs aussi obscurs, aussi humides, aussi sales
que le reste, aboutissent sur ces carrés, de chaque
côté des couloirs, des portes mal jointes, vitrées de
carreaux cassés, raccommodés avec des vieux journaux, donnent accès à des taudis sans nom ; ils sont
meublés d'une couchette en bois blanc peint, un seul
matelas de varech sur une paillasse éventrée, une
couverture en laine grise, des draps crasseux et
graisseux, puant le lubin et l'eau de Cologne achetés
dix sous dans un bazar, un oreiller, deux chaises
dépaillées indispensables, une table de nuit sup-
portant un pot à eau et une cuvette ébréchée,
objets non moins indispensables ; aux murs du
papier à quatre sous le rouleau, papier qui tombe
en lambeau, souillé par les crachats et les déjec-
tions de toute nature, les trous en sont bouchés

par une chanson ordurière, un journal à image ou le portrait du général Boulanger; comme fenêtre, un petit jour de souffrance, qui, lorsqu'il est ouvert, laisse monter les odeurs pourries de la cour qui forme entonnoir.

Tout cela tient dans un espace de deux mètres de large sur trois mètres de long et rapporte au logeur plus qu'un appartement boulevard Haussmann.

Voici comment :

Ces taudis ne sont pas loués au mois, ils le sont à la *passe;* le contrôle en est ainsi fait :

A l'entresol ou au premier étage est établi un réduit dans lequel une femme a peine à se tenir seule debout, sur une tablette, des chandeliers garnis d'une bougie, au mur, un tableau portant des numéros au dessous desquels sont accrochées des clés garnies d'une plaquette de cuivre avec des numéros correspondants. La porte de l'allée à claire-voie est reliée au réduit pompeusement appelé bureau, par un fil de fer; chaque fois que la porte est ouverte elle fait tinter une sonnette, si la femme est absente, elle accourt, elle donne un chandelier à la fille, qui lui remet en échange *cinquante centimes* ou *un franc.* Supposons cinq chambres, cinq filles viennent en moyenne six fois prendre le chandelier, à cinquante centimes cela fait *quinze francs;* à un franc, cela en fait *trente !*

Et les patron, logeurs s'indignent contre les
souteneurs! ils jouissent d'une certaine considération dans leur quartier, et sont souvent membres
influents d'un comité électoral radical, intran i cant
et à la tête des réunions publiques pour reven-
diquer les droits des citoyens.

Drôles de citoyens, plus crapules que les souteneurs, car s'ils n'existaient pas, la prostituti n
n'ayant pas de refuges, s'amoindrirait notable-
ment.

La police est désarmée, dit-on, pour remédier à
cet état de chose immoral, c'est une erreur, il
existe une ordonnance de police datant du 6
novembre 1778 qui autorise les préfets de police
à faire fermer les hôtels qui ont des chambres de
passes, cette ordonnance enjoignait à toutes personnes tenant hôtels, maisons et chambres garnies,
d'écrire jour par jour, sur des registres cotés et
paraphés par les commissaires du quartier les
personnes qu'ils logeaient.

Pourquoi n'applique-t-on pas rigoureusement
cette ordonnance?

Le *coup de l'Église* est d'une simplicité antique,
la femme qui le pratique est généralement entre
deux âges, elle habite dans le faubourg Saint-Germain, rue de Babylone, rue Barbet-de-Jouy ou
rue Sainte-Placide, une maison austère, son appartement coquet et de bon goût a un cachet tout

particulier, on y respire un parfum qui vous
pénètre de sensation indéfinissable, le salon est
orné d'objets de piété, gravures représentant les
martyrs, chemin de la croix et statuettes de la
vierge, dans l'alcôve, à la tête du lit un crucifix-
bénitier ombragé de buis bénit, sur la cheminée
un Christ en carton-pâte, colorié, un Saint-Joseph
et une crèche, sur le guéridon, des rosaires, des
chapelets, des bréviaires et un dessus d'autel au
crochet à peine commencé ; il est rare qu'elle ne
fasse pas partie d'une œuvre de charité quelconque, toujours vêtue de noir, sévèrement,
discrètement voilée, elle fréquente les églises, aux
heures où elles sont solitaires, principalement
celles où viennent des visiteurs étrangers, age-
nouillée dans la pénombre d'un pilier, elle attend,
semblant absorbée dans une fervente prière ;
quelques-unes finissent par se créer une clientèle
sérieuse, fidèle et fructueuse.

Quand elle a jeté son dévolu sur un client, elle
manœuvre de façon à sortir en même temps que
lui et à se trouver auprès du donneur d'eau bénite
au moment où celui-ci tend son goupillon chauve,
leurs doigts se rencontrent, elle remercie timidement et sort, le monsieur s'efface pour la laisser
passer, elle descend lentement les marches, en
relevant, par un mouvement coquet, ses jupons
dont le frou-frou est plein de charmes ; le monsieur

la suit, elle le devine, elle marche sans se presser
il est rare qu'elle marche longtemps avant que la
conversation ne s'engage, elle varie peu :

— Je bénis, madame, le hasard qui m'a fait vous
rencontrer, vous êtes une personne pieuse, sans
doute que vous vous occupez d'œuvres de charité,
si je puis vous seconder, ma bourse est à votre
disposition.

— En effet, monsieur, j'ai entrepris de visiter les
malades pauvres et j'ai beaucoup de misères à sou-
lager.

Tout en marchant, la conversation continue, elle
connait son clergé comme sa poche, elle parle de
l'abbé X... son confesseur, de l'abbé Y... son ami
enfin elle arrive à sa porte, le monsieur renouvelle
son offre.

On ne peut décemment ni donner ni recevoir de
l'argent dans la rue; comme c'est pour mes pauvres,
répond-elle, j'accepte, mais à une condition, vou
me ferez l'honneur de me rendre visite, je tiens à
ce que vous inscriviez votre nom vous-même sur
ma liste des bonnes œuvres ; alors galamment, le
monsieur répond: mais, madame, ceux qui ont faim
sont pressés et sans attendre la réponse, il la suit,
une personne si pieuse cela ne peut tirer à conséquence.

Arrivée à son appartement, elle sonne; une jeune
fille à l'aspect monastique vêtue de noir, coiffée

d'un bonnet blanc, les cheveux lissés en bandeaux plats vient ouvrir, avant même qu'elle n'entre la bonne lui dit : madame, monsieur le curé vous attend pour la pauvre famille qui va être expulsée aujourd'hui de son logement.

L'étranger est introduit au salon, on l'y laisse seul quelques instants, il jette un coup d'œil rapide sur les objets qui l'environnent, il est de plus en plus édifié.

Le reste se devine.

Quand quelques heures plus tard le monsieur s'en va, il donne son dernier louis à la bonne ; c'est pour une messe à mon intention que vous ferez dire à Saint-Roch.

Le monsieur n'a pas descendu deux marches, qu'elle esquisse le pas du *hareng saur en détresse* et qu'elle s'écrie : madame, vingt francs pour une messe, nous la ferons dire ce soir par le grand Louis à l'Elysée Montmartre.

Le *coup du Jardin public* est des plus varié, il est pratiqué au Palais-Royal, aux Tuileries, au Luxembourg et au Parc-Monceau par trois catégories de *Persilleuses* qui opèrent par tous les temps, dès l'ouverture de ces jardins jusqu'à la fermeture.

Les unes sont les *Pierreuses* des boulevards extérieurs qui y viennent en compagnie de leurs souteneurs, c'est l'offre et le marchandage ordinaire, rien d'intéressant.

Les autres sont des femmes qui appartiennent à tous les mondes ; elles y viennent à l'heure de la musique, elles ont une clientèle d'officiers retraités et de vieux rentiers ; c'est absolument comme il faut, on se croirait dans un salon du faubourg Saint-Germain ; ces dames, pour la plupart sur le retour, minaudent et se font des politesses exagérées. Les vieux ne sont pas en retard, ils lisent un madrigal, offrent des pastilles (il y en a un qui les coupe en quatre), racontent leurs campagnes, leurs fredaines de jadis, puis tout ce monde s'en va à la fin du concert dîner à 1 fr. 15 et coucher ensemble suivant que les rhumatismes le permettent.

La troisième catégorie est assez difficile à classer. Tous les vieillards ne sont pas rhumatisants, il en est qui sont de la race des poireaux... Au printemps, il leur faut du fruit vert, l'acidité ne les gène pas, ils ont des rateliers, pour contenter leur goût une femme intelligente a inventé ceci :

Elle amène une jeune fille, court vêtue, élégamment mise, elle a des jambes splendides, son corsage échancré laisse voir une peau satinée qui doit être bien douce au toucher, et la naissance d'une gorge pleine de promesse, elle a l'aspect d'une enfant de treize à quatorze ans, bien formée, elle saute à la corde, dans ses évolutions ses jupes se soulèvent, elle est très entourée, la femme est vêtue en dame de compagnie de bonne maison, les amateurs dévorent des yeux la fillette, quand la femme s'en va, ils la suivent, le plus alerte l'accoste, et la conversation suivante s'engage :

— Vous êtes, madame, chargée de surveiller cette charmante enfant?

— Oui, monsieur.

— Elle est fort bien faite et très belle, c'est sûrement une demoiselle bien élevée?

— Oh! oui, monsieur, elle appartient à une
bonne famille qui l'élève dans les bons principes.

— Cette enfant a bien couru, il fait bien chaud,
peut-être vous serait-il agréable de vous rafraîchir?

La femme se fait prier, enfin elle accepte, tous
se rendent aux Champs-Elysées, la fillette continue à jouer pendant que l'homme et la femme
boivent un verre de bière et mangent des gauf-
fres, là, le marché s'établit et il est convenu qu'à
tel jour, à telle heure, la femme conduira la fillette
dans une maison désignée, moyennant un prix
élevé, dame! une jeune fille de famille et vierge
par dessus le marché.

— Surtout, ajoute la femme en matière de
conclusion : prenez vos précautions qu'il n'arrive pas de malheur !

Pendant longtemps une sous-maîtresse d'une
maison de tolérance du quartier Bonne-Nouvelle
était chargée de conduire aux Tuileries une fille
nommée Victorine, pensionnaire de la maison,
qui joua le rôle d'enfant jusqu'à l'âge de vingt-
deux ans.

Le *Coup de la Bonne* ne demande pas un grand
matériel; un bonnet blanc, un tablier de même
couleur et un panier élégant, la fille est généralement jeune, elle opère dans tous les quartiers et
a l'aspect d'une bonne qui va aux provisions, il
en est qui poussent l'amour du réalisme jusqu'à

se promener avec leur panier chargé de légumes,
des carottes surtout. Ce travail ne dure pas longtemps, de neuf heures à onze heures et de quatre
heures à six heures: beaucoup s'y laissent prendre.

Le *Coup de la Bouquetière* est connu.

Le *Coup de l'Omnibus* l'est moins, la dame est
avenante, elle monte en omnibus, le plus souvent
sur les boulevards, au moment de payer elle a
oublié son porte-monnaie, le conducteur grogne,
a dame rougit, elle fait mine de se baisser pour
chercher, elle laisse voir un bas de jambe des plus
engageant et une rotondité qui se devine sous son
strapontin; un voyageur lui offre le prix de sa
place, elle accepte et arrivée au bout du trajet,
elle remercie le monsieur obligeant. Comme je
ne veux pas que vous croyiez que je suis une
aventurière, quand vous passerez dans mon quartier, venez me rendre visite. Elle lui tend sa carte.
Le lendemain, c'est un client de plus.

Le *Coup du Cimetière* demande des aptitudes
spéciales, des cheveux noirs, de grands yeux
légèrement bistrés, une grande pâleur de teint,
l'aspect en un mot d'une femme qui pleure beaucoup et qui souffre.

Elle est à l'affut de tous les enterrements, elle
choisit de préférence ceux de petits bourgeois, en
grand deuil, elle arrive à la maison mortuaire,
elle a une attitude navrée, elle se mêle au cor-

tège, va à pied à l'église, là, elle prend une attitude recueillie, elle paraît accablée sous le poids
d'une douleur profonde, au sortir de l'office elle
monte dans une voiture de deuil, arrivée au cimetière elle s'approche le plus près possible de la
fosse, sa douleur redouble quand on descend le
cercueil, la cérémonie terminée elle s'en va lentement, les invités se demandent qui est cette femme?

A la porte du cimetière les parents lui serrent
la main et la remercient, comme elle est seule
on lui offre le pain et le fromage traditionnel,
elle guigne un des invités qui lui paraît le plus
cossu, quelquefois le veuf lui-même et s'assied à
côté de lui; la conversation s'engage, elle raconte
qu'elle a perdu récemment son mari et que chaque fois qu'elle va à un enterrement cela renouvelle sa douleur. Ce disant une larme perle à ses
cils, l'homme la console, la reconduit, et le veuf
en sortant de chez le marbrier, recommande qu'on
n'oublie pas «'les regrets éternels», et va coucher
avec la veuve très consolable.

Le Coup de la Blanchisseuse qui ne blanchit
jamais rien est à la portée de toutes les femmes;
elle le fait blanchir par une ouvrière, mais c'est
elle qui le repasse, elle a le plus souvent la clientèle des voyageurs qui désirent être servis à la
minute, on dit de ces femmes-là : *Blanchisseuses
de tuyaux de pipes.*

Le *Coup des ratés* est une invention nouvelle. L'employé se prive pendant tout le mois pour attendre le 30 ou le 31, le jour venu une petite noce est nécessaire pour se consoler des privations subies il rentre tard à la maison, la ménagère gronde, il essaye de l'adoucir en étant aimable, elle lui tourne le... dos, le lendemain matin il est encore plus... aimable que la veille, aussi il se rend à son bureau, en réfléchissant, au détour d'une rue, il est accosté par une jeune femme en cheveux qui semble se rendre à son travail ; voilà mon affaire, pense-t-il, elle sera sans doute plus aimable que ma femme et comme il a *caré* une ou deux pièces de cent sous, l'affaire est bientôt conclue.

Une heure de retard et une scène de son chef de bureau !

Heureux quand huit jours après il n'a pas besoin d'avoir recours à un spécialiste !

IV

Les proxénètes. — M. Mystère. — Les proxénètes au Japon. — Le commerce de la marchande à la toilette.— Madame Mitaine. — Rolande et M. Antoine. — Un tarif scandaleux. — Billets de banque en location. — Une blanchisseuse intelligente. — La mère et la fille.— Un capital avarié.— Un pucelage en faillite.— Curieux procès des proxénètes. — Eloquent discours de l'avocat impérial Manuel. — La morale aventurée. — Augmentation de la prostitution et diminution des condamnations des proxénètes. — La mère Laplanche. — Une note dépourvue d'ortographe. — Un beau lapin. — La baronne d'Ange. — Son successeur. — Un mot de Gavroche.

Les grandes proxénètes sont trop connues depuis la polémique scandaleuse qui eut lieu dans les journaux parisiens à propos de la femme Leroy et du personnage désigné sous le nom de *Mystère*, et surtout depuis le malheureux suicide du général qui portait un nom illustre du premier Empire, pour que j'ai à faire ici leur portrait, on sait que ces marchandes de chair humaine, tiennent à la disposition de leurs clients, depuis l'enfant en bas

âge pour les vieillards, jusqu'à la femme sexagénaire pour les collégiens; donner les noms de certaines femmes honorées dans le monde qui
viennent chez ces misérables se prostituer comme
les dernières filles du ruisseau, ou sacrifier à Les-
bos, ce serait rechercher le scandale qui n'est pas
à sa place dans une étude de mœurs aussi scrupu-
leusement étudiée que celle-ci, publier les turpitudes de ces vieux blasés qui viennent dans ces
maisons satisfaire des passions honteuses, ou exciter leur sens affaibli ne réprimera rien ; plus
intéressante et plus inconnue, est la proxénète qui
exerce sous le couvert de la *marchande à la toilette* et de *la maquilleuse de brêmes* (tireuse de
cartes).

Dans tous les pays du monde, le proxénétisme
est réprouvé. Au Japon, où la prostitution est
élevée à la hauteur d'une institution d'utilité...
publique, on reçoit les filles publiques dans la
meilleure société ; les proxénètes, au contraire,
quelque riches qu'elles deviennent, ne sont jamais
reçues dans la société des honnêtes gens ; on les
traite comme les gens les plus bas de la lie du
peuple, on les oblige d'envoyer leurs domestiques
pour aider l'exécuteur des hautes œuvres.

M. Lecour, l'ancien chef de la première division à la préfecture de police, publia, il y a longtemps, en 1872, un volume très recherché sur la

prostitution dans lequel il dit ceci à propos du proxénétisme :

« Le plus souvent, c'est sous le couvert d'une industrie spéciale : *le commerce à la toilette* que les femmes adonnées au proxénétisme, se mettent en relation avec un nombreux personnel de jeunes filles ou femmes, ouvrières sur le point de cesser de l'être, domestiques sans place, avides de toilettes et de plaisir, femmes entretenues en disponibilité, et qu'elles se font auprès d'elles les intermédiaires des propositions galantes les moins prudentes et les plus dangereuses, bravant le Code par cupidité, s'attaquant à des filles mineures, plus ou moins livrées à elles-mêmes par l'incurie ou l'abandon de leurs parents, et elles les détournent à leur profit de la voie du travail.

« Dans cette catégorie du proxénétisme, les plus habiles dissimulent leurs manœuvres sous l'exercice apparent d'une profession où l'on emploie des ouvrières. Par l'enseigne elles sont couturières ou modistes. Dans la maison la mise en scène est complète ; il y a des étoffes, des travaux en train. En réalité, c'est un lieu de débauche où souvent, sous prétexte d'un travail lucratif, on entraîne des jeunes filles qui ne tardent pas à se pervertir.

« Que de nuances dans l'exploitation de la débauche! L'une d'elle comprend la classe nom-

breuse du proxénétisme inconscient et qui procède
par de mauvais conseils intéressés. Il s'exerce
dans presque tous les lieux publics où des femmes
figurent à un titre quelconque. Il est, tout entier,
dans ce propos tenu par un impressario de café-
concert à une de ses chanteuses : — Vous chantez
bien, mais vous êtes trop sévère avec les hommes !

« Sur le terrain brutal du fait, où la question se
traite sans métaphore, il y a le cocher qui aux premières démonstrations de nature à l'édifier sur les
dispositions de son voyageur, offre à ce dernier de
le conduire chez des clientes, il y a les garçons du
restaurant, auquel on demande *une femme* comme
s'il s'agissait d'un article porté sur la carte.

« Il y a enfin les tapissiers qui installent des
filles dans des appartements meublés par eux, et
qui touchent un prix de location quotidien, destiné
à former un prix de vente après complet paye-
ment.

« Que de types depuis la marchande à la toilette encore misérable, tendant la main pour recevoir le prix de leurs ignobles accointances, ou prê-
tant, moyennant loyer, quelques pauvres accou-
trements à une prostituée du ruisseau, jusqu'à
l'opulente proxénète (1) qui peut, en un clin d'œil,

(1) Madame Mitaine, qui, dans *Rolande*, jouée au *Théâtre libre*,
offre de prêter à M. de Montmorin, type si bien rendu par uc¹ ⁰
ami Antoine, une somme considérable.

7

transformer en une fastueuse courtisane, la fille
indigente qu'elle a corrompue et à laquelle elle
vendra ou louera, pièce à pièce et à des prix
fabuleux son linge, ses vêtements et ses meubles !

« Pour ces détails les chiffres sont éloquents.
Ils montrent les gouffres dans lesquels s'englou-
tissent les fortunes, on a payé en pareils cas :

Un peignoir . . . .   110 francs.
Une chemise de nuit. . . . . . .   300 —
Une chemise ordinaire. . . . . .   210 —
Douze jupons . . . .   330 —

« Certaines blanchisseuses du quartier Latin,
louent, l'été, des robes et des mantelets de mousseline blanche aux coureuses de crémeries ou de
bals publics en quête d'un diner ou d'un gîte.

« La location ne comprend pas seulement, des
draps, des serviettes, du linge de corps, des châles
au prix de 10 francs par jour, mais des bijoux de
prix.

Voici les prix courants :

Une parure . . . .   30 francs.
Une bague. . . . .   10 —
Un bracelet . . . .   15 —
Un diadème . . . .   100 —
Une aigrette. . . . .   90 --
Une montre et une chaine . . . .   30 —

J'ai raconté dans *Paris-Boursicotier* l'histoire
de ce banquier établi au café des Arcades qui *loue*
des billets de banque pour que les filous qui
fondent des sociétés puissent faire le dépôt légal,
chez le notaire, comme le veut la loi de 1867. Il
existe une proxénète qui *loue des billets de banque*
aux filles, pour qu'en les montrant « en société »
elles puissent demander un plus haut prix aux
clients.

En dehors des proxénètes que je viens d'énumé-
rer, d'après M. Lecour ,il y a les cabaretiers dont
les établissements sont fréquentés par des soldats,
et qui recherchent des servantes dans le but de les
livrer à la débauche, les logeurs chez lesquels se
réfugient des domestiques sans place, et des ouvriers sans travail, les maîtresses de ces garnis
servent parfois de pourvoyeuses aux maisons de
tolérance de province,on conçoit qu'elles ont intérêt, par tous les moyens possibles à pousser leurs
locataires à se jeter dans la prostitution.

Le même commerce se fait sous prétexte de
placement des domestiques.

Un autre moyen employé par les proxénètes,
consiste à appeler à soi, de tous les points de la
France et surtout de l'Etranger, des jeunes filles,
sous la foi d'annonces promettant d'honorables et
lucratives positions d'institutrices, des jeunes
filles, orphelines le plus souvent, lesquelles vic-

times de leur crédulité, arrivent à Paris, s'y
trouvent sans ressources, en proie à la misère, à
toutes les séductions imaginables, et finissent par
succomber. Le proxénétisme le plus odieux est
celui d'une mère qui corrompt et vend sa fille,
dont, elle est la compagne de débauche, la ser-
vante plus tard. Ce fait est plus fréquent qu'on ne
le suppose.

Il y a quelques années les journaux annonçaient
l'arrestation d'une femme du monde galant, ayant
appartenu au monde honnête dont les légèretés ne
se comptaient plus et qui associait sa fille à des
scènes de débauche les plus honteuses. Détail singulier la femme dont il s'agit, disait-on, avait une
certaine situation de fortune, elle ne recevait pas
d'argent de ses nombreux amants et n'en demandait
même pas à ceux auxquels elle livrait sa fille.

C'était une proxénète pour l'amour de l'art!

Elle passa en correctionnelle, voici l'acte d'accusation, il est absolument curieux :

La nommée Emma Van B., née à Gand, a épousé en 1861
le sieur B., sujet belge. De ce mariage est née, le
3 octobre 1862, une fille à laquelle ont été donné les
prénoms de Valentine-Sophie.

L'union des époux B. ne fut pas heureuse. Dès les premiers temps de la vie commune, la femme reprit les habitudes de désordre qu'elle avait contractées dans sa jeunesse
et le mari se vit dans la nécessité de solliciter, en 1864, des

tribunaux belges, un divorce qui fut prononcé l'année suivante.

En 1870, l'inculpée vint s'établir à Paris, boulevard Beaumarchais, laissant aux soins de sa mère, qui était restée à Gand, sa fille Valentine. A son arrivée en France, elle se livra à une vie dépravée, devenant la maîtresse en titre d'un officier, en même temps qu'elle prodiguait ses faveurs à un autre homme.

Cette existence se prolongea jusqu'en 1875, date à laquelle la femme Van B. alla reprendre à Gand sa fille Valentine, qui venait de faire en cette ville sa première communion. On les retrouve toutes les deux à Paris, rue d'Enghien, 27. La fille venait à peine d'accomplir sa douzième année, et la mère n'en continuait pas moins, sous les yeux de son enfant, son libertinage et ses excès.

Changeant d'amants au gré de ses caprices, elle ne repoussait point pour cela les sollicitations d'une passion passagère. Toutes ses hontes s'étalèrent impudemment aux regards de Valentine qui en fut chaque jour témoin et qui finit elle-même par succomber. A quatorze ans, elle se donna en secret à l'un des amants de sa mère.

Cependant, l'inculpée, qui n'avait pas connu cette première faute, trafiquait avec un jeune étudiant valaque de la virginité de sa fille. Valentine fut conduite par sa mère à un hôtel de la place Saint-Michel. Abandonnée aux mains du séducteur, elle lui opposa, pour mieux jouer son rôle, un simulacre de résistance et laissa enfin consommer sur sa personne l'acte qui avait été froidement consenti par sa mère.

A dater de ce jour, Valentine fut associée à toutes les

turpitudes de l'inculpée ; elle accompagna sa mère au Skating des Champs-Elysées, dans les bals et autres réunions publiques. Elle alla s'asseoir avec elle à la même table, dans les restaurants où les conduisaient les hommes qu'elles avaient raccolés ensemble ; puis, les deux prostituées, rentrant au domicile de la rue d'Enghien, distribuaient leurs caresses à qui les avaient sollicitées et payées. Là, se déroulèrent les scènes de débauche les plus éhontées. La mère favorisait les désordres de sa fille pendant qu'elle-même accordait ses faveurs à d'autres et même à un tout jeune homme, restant sourde aux menaces et aux supplications de la famille, prévenue de l'inconduite de ce mineur.

Une fois, entre autres, elle poussa l'impudeur jusqu'à lier conservation, dans sa salle à manger, avec trois hommes que sa fille avait acceptés et qui attendaient à tour de rôle, dans cette pièce, que Valentine fut prête à les recevoir.

Cette jeune fille, subissant plus profondément encore la pernicieuse influence de sa mère, devait être par elle initiée à tous les secrets du libertinage. L'inculpée avait rencontré au Skating des Champs-Elysées une fille déjà perdue, Eugénie Hermann ; elle l'avait attirée chez elle et l'avait associée à ces obscénités. Eugénie et Valentine, devenues dès lors compagnes de débauche, servaient ensemble d'instruments à des désirs infâmes, que la décence et la morale se refusent à retracer. La femme Van B. a pris sa part dans toutes ses orgies.

Valentine et la fille Hermann ont tout révélé à la justice et lui ont fait, jusque dans les détails les plus minutieux,

leurs tristes confidences. De nombreux témoignages sont
venus les confirmer, et la saisie des correspondances
échangées viendrait au besoin lever les derniers voiles.
L'inculpée, comprenant que toute dénégation de sa part
était superflue, a fait l'aveu de sa culpabilité.

Elle ne nie pas la matérialité des faits que l'information
relève à sa charge, mais elle allègue, dans le vain espoir
de diminuer sa part de responsabilité, que sa fille a été
entraînée par l'ardeur de ses sens et qu'elle même est restée impuissante à arrêter ou même à modérer ses trans-
ports.

Elle ajoute, en outre, qu'elle n'a point touché le prix de
ces profanations, et que sa fille ne s'est prostituée que
pour donner un libre cours à ses propres passions.

L'enquête à laquelle il fût procédé établit au
contraire que la femme Emma Van B... après
avoir été une épouse infidèle, était devenue une
mère dénaturée qui favorisait les désordres de sa
fille, qu'elle trafiquait de sa pudeur, qu'elle recevait le prix de sa dépravation, qu'elle l'avait
livrée, alors qu'elle n'avait pas quatorze ans ;
la petite Valentine citée comme témoin à la
requête de sa mère, déclara que celle-ci la conduisait fréquemment à la Maison Dorée où elles
soupaient en compagnie de messieurs et que tous
ensemble se rendaient chez sa mère.

Interrogée sur ce qui s'y passait, elle ne répondit
pas, cela se conçoit.

La mère fut condamnée à 3 ans d'emprisonnement.

Un autre procès non moins curieux, fut celui qui
se déroula, dans les dernières années de l'Empire,
devant la 6ᵉ Chambre correctionnelle.

Douze femmes étaient assises sur le banc des
prévenues, l'auditoire était rempli de leurs victimes.
Beaucoup d'hommes appartenant à la haute société
se trouvaient à ce scandaleux rendez-vous comme
témoins.

. . . .

M. le président. — La femme S... ne s'est-elle pas vantée devant vous d'avoir tiré L. M. de la misère en lui procurant un vieillard?

C... L... — Oui, monsieur.

M. le président. — Et de lui avoir fourni une robe de
onze ou de quinze cents francs?

C... L... — De onze cents francs, oui, monsieur.

La femme S... — Je ne nie pas la robe, mais je nie le
vieillard.

C... L... — Madame S... peut nier tout ce qu'elle voudra, mais moi, je dirai tout ce que je sais. Madame S... a
été très malhonnête avec moi, elle allait chez un monsieur
avec qui j'étais et qui était étranger, elle lui faisait des
scènes indignes, elle lui disait: « Vous êtes un escroc, un
ylou, et une canaille si vous ne me payez pas ». Ce monsieur, pour s'en débarrasser a été obligé de lui faire des

billets. Quand je ne lui donnais pas d'argent, elle me disait
que je ne savais pas me faire payer mes GANTS!

M. le procureur impérial. — Et de jeter les amants de
cœur par l'escalier?

C... L... — C'est à ma femme de chambre qu'elle a dit
cela, mais ma femme de chambre me l'a redit. Madame S...
était très intrigante POUR NOUS VENDRE et après se faire
payer, elle m'a conseillé d'aller à Bruxelles rejoindre
Cécile; et *que j'y ferais de bonnes affaires.*

M. le président à la prévenue. — Ainsi vous faites aussi
l'exportation?

La femme S... — Je ne connais personne à Bruxelles,
rien que mon avocat.

M. le président. — Vous avez un avocat à Bruxelles?

La femme S... — Mais, monsieur, dans mon métier c'est
forcé. Tous ces messieurs qui font des dettes s'en vont en
Belgique, si on n'avait pas là quelqu'un qui prenne vos
intérêts, on serait ruiné en trois mois.

C... L... — J'oubliais de vous dire que Madame S...
m'a envoyée une fois chez Madame V... pour me donner
de *bons conseils* et me tirer les cartes. Madame V... m'a
fait le grand jeu, m'a promis beaucoup de bonheur et m'a
dit: « *Surtout ma belle enfant, puisque vous êtes jeune et
jolie ne restez pas dans l'inaction.*

C... L... — Déclare que la femme S... lui a loué une
chambre et l'a habillée; elle ajoute, que quand elle ne lui
donnait pas d'argent, elle lui faisait des reproches et lui
disait que, quand on devait il fallait FAIRE de l'argent pour
payer.

7.

Une fille S... L... déclara ensuite qu'elle habitait rue Sainte-Apolline lorsqu'elle fit la connaissance de Madame S.., que cette dernière lui dit qu'elle habitait un quartier, où il n'y avait RIEN A FAIRE, qu'elle lui proposa de lui louer rue de la Madeleine, un appartement de 18,000 francs, par AN, qu'elle accepta et que pour être DIGNE de cet appartement, Madame S... lui fournit 6,000 francs de toilette !

Un concierge vint déposer que Madame S... avait loué dans sa maison, en novembre, un appartement de 800 francs, qu'ensuite elle le surloua à Mademoiselle L... C... à raison de *deux cent cinquante francs* par mois, mais que la conduite de cette demoiselle laissait beaucoup à désirer de la *part des amis* de son entreteneur !

Un autre concierge déclara que Madame S... logeait des femmes dans sa maison et leur fournissait des toilettes, et qu'elle venait tous les jours *trois ou quatre fois leur demander* de l'argent !

Un témoin, Mademoiselle E... R... déclara qu'elle avait fait la connaissance de Madame S... par une de ses amies, que deux ou trois fois elle l'envoya chercher par sa bonne pour aller chez elle, et lui faire connaître des hommes ; j'avais *dix-huit ans*, ajouta-t-elle. J'ai été deux ans sans la revoir, après ce temps elle m'a envoyé chercher, et nous avons recommencé à *faire des affaires ensemble deux ou trois fois*.

Quand je ne voulais pas accepter, elle me disait que c'étaient des *messieurs très* bien. Elle tenait une pension où il y avait des messieurs et des dames et au dessus elle faisait des MARIAGES. C'est elle qui recevait ce que les hommes donnaient, elle nous donnait ce qu'elle voulait, elle m'avait un jour promis *cinq louis* et elle ne m'en a donné QU'UN!

Mademoiselle A... L... — J'ai logé chez Madame S... je lui payais pour cela 350 *francs* par mois plus 2 *fr.* 50 par jour pour le dîner, il y avait toujours des hommes chez elle, c'est elle qui réglait les conditions avec eux, *le prix ordinaire* était de *cent francs*, elle gardait la moitié et souvent plus.

Mademoiselle E... C..., 20 *ans.* — Il y a deux ans que j'ai connu Madame S... qui tenait une table d'hôte, je ne suis allée chez elle qu'une fois, car elle m'a trompée; sur *vingt-cinq louis*, elle ne m'en a donné que *cinq!*

Quatre jeunes filles défilent successivement à la barre, elles déclarent qu'une des prévenues les avaient attirées sous prétexte de *leçons de piano*, mais que chez cette femme elles ont trouvé des hommes avec lesquels elles furent mises en rapport.

Mademoiselle V... D... — J'avais connu Madame B... comme marchande de dentelles et j'avais fait quelques affaires avec elle, lorsqu'un jour elle me proposa de faire la connaissance d'un monsieur, j'acceptai, sur *trente louis* que le monsieur a donnés elle en a gardé VINGT-SEPT!!

Le tribunal remit à huitaine pour prononcer son jugement et entendre le réquisitoire de M. l'avocat impérial Manuel, en voici la dernière partie qui flétrit éloquemment ces odieuses proxénètes:

Nous croyons avoir apprécié légalement tous les faits

relatifs à chacune des prévenues et nous nous demandons quelle pourront être les objections de la défense.

J'en prévois une, elle vous dira que toutes ces jeunes filles, déjà perdues depuis longtemps, sans freins, sans principes, ne peuvent inspirer aucune confiance à la justice, qu'elles sont venues mentir effrontément à cette barre, et rejeter sur de prétendues incitations dont elles auraient été victimes, le dérèglement précoce de leurs mœurs.

Et pourquoi ces jeunes filles mentiraient-elles ?

Quel motif de haine pourraient-elles avoir contre ces femmes, qu'à leur point de vue elles doivent regarder comme leur providence ?

Quelle vengeance auraient-elles à exercer contre elles ?

Nous avons déjà quelque expérience des affaires criminelles, eh bien, dans ces débats une chose nous a frappé ! toutes ces filles, je dis toutes, sans exception, ont redit à cette barre les mêmes choses exactement que celles qu'elles avaient déclarées dans l'instruction et cela malgré l'animation de l'audience, malgré tous les regards tombant sur elles et cherchant à surprendre leurs plus secrètes pensées, toutes leurs dépositions ont eu cette précision, cette sûreté de mémoire, cette concordance qui, selon nous est le cachet de la vérité. En se présentant devant la justice, ces filles savaient qu'elles devaient dire la vérité ; qu'on ne s'étonne pas : dans les consciences les plus abaissées, en présence de Dieu d'abord, et de la majesté de la justice ensuite, le sentiment de la vérité est dominant, la preuve qu'elles ont dit la vérité, c'est qu'elles n'avaient rien à y gagner et tout à y perdre. En la disant elles s'abaissaient.

elles avaient les plus pénibles aveux à faire, mieux eut valu cent fois pour elles garder le silence, et cependant elles ont parlé. Elles ont donc dit la vérité.

La défense dira peut-être encore que ces jeunes filles, à l'époque où se sont accomplis les faits de la prévention, avaient déjà quitté le sentier de la vertu, pour suivre une voie contraire, où elles avaient acquis non moins d'expérience que de notoriété : A cela je n'ai rien à dire, si ce n'est que la loi pénale ne tient aucun compte d'objections de cette nature.

Le fait en lui-même, je le répète, je ne puis le méconnaître, j'ajouterai même, car pourquoi le tairais-je ? que le sentiment que j'ai éprouvé en étudiant cette volumineuse procédure a été celui d'une véritable tristesse.

Oui, quand j'ai vu toutes ces jeunes filles, les unes après les autres, dans un langage uniforme vous parler de ces marchés honteux dont leur propre prostitution était l'objet ! « J'ai fait tant d'affaires avec telle femme ! je n'en ai fait qu'une avec celle-ci ! je n'en ai point fait avec telle autre » absolument comme s'il se fut agi d'un trafic ordinaire ; oh ! je l'avoue, je me suis dit qu'il y avait là une bien profonde, une bien regrettable, une bien douloureuse immoralité. Mais tout en m'affligeant de cette perversité précoce de mœurs et de langage, je me suis dit en même temps que c'était un devoir pour le ministère public de s'armer de cette immoralité même pour demander au tribunal une répressive d'une fermeté légitime et nécessaire. Dans de certains milieux, dans de certaines classes, plus le sens moral s'altère et s'abaisse, plus grandit la prostitution occulte et luxueuse qui ne perd certes pas ce nom parcequ'elle élève ses tarifs, plus il importe que la loi pénale maintienne rigoureusement son empire, affirme avec autorité les principes tutélaires.

Dans cette grande cité de Paris où la foule se presse, où inévitablement les vices et les passions abondent, vous savez combien les dangers de la séduction personnelle sont grands et multipliés, quels ravages elle exerce. Eh bien, il faut que le proxénétisme ne lui vienne pas en aide, où si cette désolante industrie ne doit pas disparaître, il faut au moins qu'il respecte la jeunesse, qu'il ne corrompt pas toujours au début, mais dont il entretient et développe la débauche par les facilités qu'il lui procure et l'or qu'il lui prodigue.

Voilà la loi, voilà la morale, voilà les exigences des nécessités sociales, voilà le résultat que votre jugement concourra à obtenir.

M. l'avocat impérial obtint la condamnation des douze proxénètes et voilà « le résultat que ce jugement a concouru à obtenir » la prostitution augmente par conséquent les proxénètes, et les tribunaux ne les poursuivent que rarement si on s'en rapporte au tableau suivant

Proxénètes condamnées.

1855	84
1860	60
1865	64
1875	29
1880	17
1885	8

C'est absolument édifiant, et pourtant la proxénète n'est pas qu'une misérable c'est une voleuse,
une voleuse éhontée ; la mère Laplanche, à ce
métier a *gagné* une belle fortune, et pourtant elle
n'opérait pas dans le grand, elle courait les
ateliers, dès sept heures du matin, elle arpen-
tait le faubourg du Temple, la rue Saint-
Denis, la rue du Caire, elle *levait* de jeunes
ouvrières, leur promettait *soixante francs*, ces
dernières acceptaient, et le lendemain elle leur
remettait *cinq francs* avec la note suivante :

Locacion d'unne chemize garenit de dantailles pourre rese-voire dignement mossieu le barront . . . . 10 francs.	
Chembre jonne — une nuis . . . . 20 »	
2 vaires de groiselle . . . . 12 »	
2 bougit . . . . 8 »	
Parfint . . . . 5 »	
Donnait à Sarrat . . , ... 5 »	
Totalle . . . 60 »	

on conçoit que la petite n'allait pas se plaindre à
sa mère.

Je ne puis terminer ce chapitre sur les proxénètes, sans rendre hommage à la baronne d'Ange,
de son vrai nom Angèle Bardin, elle fut illustre
parmi les illustres, et son souvenir est vivace dans
le cœur de tous les cochons jeunes et vieux qui
allaient en pélerinage rue Saint-Georges.

C'était une proxénète émérite, tout Paris l'a
connue elle est morte saintement, morte à la tâche
pour avoir trop forcé son talent, comme le gour-
met vorace meurt à table, la bouche pleine, sur le
déclin de sa vie elle s'était mariée, c'était au-
dessus de ses forces de mener de front sa maison
de la rue Saint-Georges et les obligations de nouvelle mariée, c'était trop de fatigues : elle n'a pas
eu les reins assez solides pour satisfaire à la fois
l'affection conjugale et les besoins de sa clientèle,
la mort, dans les derniers jours de janvier 1888,
immobilisa sa main, l'éclipse de cet astre de ciel de
lit, qui passa sa vie à ruiner les hommes, à vider
les cerveaux, semant sur sa route, la ruine, la maladie, fut signalée par les journaux qui lui firent
une oraison funèbre digne d'elle.

Morte la goule, morte le venin, disait l'un
d'entre eux, la fortune sortie du ruisseau y
retourne. Celui qui héritera de ce pain-là, peut
dire qu'il mangera du bien de mineurs, et dans
les bijoux de famille, s'il trouve caché au fond de
quelque bas un hameçon d'or, il en peut faire une
épingle de cravate ; ce sera la marque de fabrique
de la maison.

On l'a enterrée hier, munie de tous les sacre-
ments de l'amour, en l'église Notre-Dame-de-
Lorette qui, pour cette circonstance, a pris le nom

de Notre-Dame-des-Lorettes, et, l'on faisait queue
à son enterrement.

Le brillant phaëton-réclame est remisé, c'est
dans le grand corbillard noir qu'elle fait son dernier voyage. Adieu le tour du Bois, les persils sont
coupés ; la baronne d'Ange a pour toujours fermé
la bouche, c'est la dernière fois qu'elle passe !

Malheureusement la race n'est pas éteinte, elle
a fait souche et quand Gavroche verra passer la
baronne d'Ange II, la figure enveloppée d'un fou-
lard pour cacher une fluxion, il pourra répéter ce
mot célèbre : — Tiens, la baronne qui est
enceinte !

V

Il y a des putains philosophes, une célébre entre
toutes me disait un jour en parlant de ses adora-
teurs, la fine fleur des pois : — les imbéciles, ils
ne comprennent pas que je les méprise, et que
quand je les vois à mes pieds m'aduler, m'encenser,
je songe que leur ruine est un bonheur pour
moi, et que je venge les femmes à ma manière, les
mères de famille qui meurent de trop d'honnêteté
et partant de misère, et que, si je tente parfois
l'ouvrière par mon luxe tapageur, mes diamants,
mes voitures, ma fin probable, comme toutes mes
pareilles doit lui servir d'enseignement, afin
qu'elle ne m'imite jamais.

La province fournit à la prostitution un contin-

gent respectable, beaucoup de filles viennent du
Nord, cela s'explique, dès l'âge de sept ou huit
ans, les pauvres enfants sont forcées de travailler
dans les filatures, dix heures en moyenne par jour,
dans une atmosphère chaude et écœurante, ce
travail est à peine rénuméré, et quand elles rentrent à la maison, souvent une correction pour
être en retard de quelques minutes ; l'hiver à cinq
heures du matin, il faut qu'elles partent à l'ouvrage, à peine vêtues d'une guenille, débris d'un
jupon de la mère, grelottant à travers les chemins
sous la pluie qui les mouillent jusqu'aux os, par le
froid qui les mord, bleuit et gerce leurs pauvres
mains, boursoufflées d'engelures, les pieds le plus
souvent sont dans d'affreux sabots, comme nourriture, la viande est un rêve, du pain bis et du
fromage blanc, le soir quand elles rentrent à la
maison, des pommes de terre cuites à l'eau, pas de
feu et à peine de lumière. C'est que les pauvres
gens ont beaucoup d'enfants, quelquefois la gamine
est l'aînée, alors, au lieu de se coucher, il faut
qu'elle berce les petits, elle les berce quand elle-
même s'endormirait si bien, elle leur chante de sa
voix grêle et plaintive : *Dodo, l'enfant do;* le
père, l'humeur aigrie par la souffrance, gronde et
tempête : — Tu dors donc sacrée garce que l'enfant gueule comme ça? La mère, abêtie par des
enfantements successifs, est accroupie dans un coin

elle tousse et crache son dernier poumon, elle
maudit la vie, les hommes, elle jure : — Sacré
nom de Dieu ! je ne vais donc pas bientôt crever,
qu'est ce que je fous sur la terre ? ce blasphème,
réveille un moutard qui crie : — Maman, j'ai
faim ! la mère répond : il n'y a pas de pain, dors.
Le plus souvent il n'y a qu'une pièce dans ce
pauvre logis, dans ce taudis ; les enfants, dont
l'imagination est en éveil par les conversations de
l'atelier, surprennent les secrets du ménage, secrets qu'une charitable commère leur expliquera
le lendemain, à moins que ce ne soit son frère avec
qui elle couche, quand ce n'est pas dans le lit con-
jugal même ; on connaît ce mot horrible, d'un
enfant couché à côté de son frère, dans la ruelle
du lit, qui, réveillé en sursaut au milieu de la nuit
par une secousse dont il avait cependant l'habitude
s'écrie : — Cramponne-toi, Gugusse, v'la papa
qui r'commence !

A treize ou quatorze ans, quelquefois plutôt, ça
n'attend pas le nombre des années, elle tente
l'expérience, souvent ce n'est pas de son plein
gré ; car si elle est jolie, si elle excite la concupis-
cence de ceux qui l'emploient, du contre-maître ou
du chef de métier, du maître, comme on l'appelle,
elle cède sous la menace d'un renvoi immédiat de
l'atelier, elle préfère encore cela à manquer de
pain et à être battue par son père. C'est le pre-

mier pas, sa première transaction avec sa conscience ; elle grandit, elle commence à lire ce qui
lui tombe sous la main, elle trouve qu'elle est absolument idiote de donner pour rien ce qu'elle pourrait vendre, elle comprend cela d'intuition, d'ailleurs les exemples ne lui manquent pas, elle forme
le projet de venir à Paris, rient ne la retient au
pays, l'air natal! Peu lui importe, elle peut aller
n'importe où elle n'aura jamais la nostalgie du
lieu où elle a tant souffert, sa famille! les coups
quand le père rentrait ivre, l'exemple de la mère
mourant à la peine, sa misère journalière, tout la
lui a fait prendre en horreur et c'est sans un regret,
sans une larme, sans un souvenir qu'elle aban-
donne tout en songeant à ce Paris qui doit être
pour elle un paradis terrestre, elle y arrive, seule,
sans ressources, c'est une prostituée de plus jetée
sur le pavé.

A Paris, la prostitution se développe pour les
mêmes causes, mais pas par les mêmes raisons ;
l'enfant ne souffre généralement pas comme dans
les pays de fabriques, mais elle est en butte à une
foule de tentations, grâce à l'incurie des parents;
elle va seule en classe, elle va seule faire les com-
missions du ménage ; elle joue avec les gamins
dans les culs-de-sac, dans les carrefours *au mari
et à la femme,* elle regarde les images, les affiches,
les journaux illustrés, elle demande ce que veulent

dire les légendes de dessins qui s'étalent impunément : la démocratie qui attend ses amants sur
l'échafaud ; le chocolat du Planteur, les moutards
vicieux le lui apprennent; elle s'arrête aux vitrines
des magasins de nouveautés ; à douze ans elle
compare déjà sa toilette avec celles qui s'étalent à
ses yeux, le velours et la soie lui donnent des fré-
missements, ses yeux se dilatent d'envie, elle rencontre des filles qui parlent à voix haute aux passants, elle écoute, elle ne comprend pas claire-
ment, mais elle éprouve des sensations qu'elle ne
peut définir, elle retourne à la maison paternelle
en se disant mentalement : *Quand je serai grande!*
Elle l'est assez pour être mise en apprentissage ; il
y a mille métiers à choisir à Paris : les polisseuses,
repasseuses, cartonnières, boutonnières, typogra-
phes, plieuses, brocheuses, fleuristes, plumas-
sières, etc., etc., sont constamment en contact avec
les ouvriers au milieu desquels elles travaillent;
les modistes, lingères, couturières, passementières,
blanchisseuses, etc., etc., sont toutes entre femmes,
mais le résultat est le même ; quelquefois la promiscuité des femmes est plus dangereuse. Le lundi,
il fait un beau soleil, quelques-unes ont la flemme,
à onze heures ou midi, heure du déjeuner, leurs
amants les attendent à la sortie, presque *toujours*
ils sont accompagnés d'un ami, ils prennent le
bras de leur chacune; mais les amis sont seuls.

ah ! ce n'est pas difficile, on appelle les apprenties, on cause, l'heure se passe, plus moyen de rentrer, les petites se désolent, c'est la première fois ; pleurez donc pas, dit l'ouvrière, nous allons aller à la campagne, allons prenez le bras de ces messieurs, et elle les pousse. Non je ne veux pas, disent-elles. *C'est en tout bien tout honneur,* reprend l'ouvrière. Voilà tout le monde en route pour Clamart ou Joinville-le-Pont ; la journée se passe, la petite a oublié le chemin de la maison, enfin, le soir, elle se décide à rentrer ; le père et la mère, furieux, la battent, elle raconte cela à son amant qui la prend avec lui. Au bout de quelque temps, il s'aperçoit qu'elle est enceinte, il en a assez, il la flanque à la porte, la voilà sur le pavé ; mais rassurons-nous sur son compte, si un homme ne trouve pas facilement à coucher, une femme trouve toujours ! Celui qui la ramasse la renvoie le lendemain, et, de chute en chute, le trottoir devient son atelier.

A ceux qui abandonnent une femme dans ces conditions la loi ne peut rien ; mais ne sont-ils pas les premiers coupables ? Puisqu'elle ne peut frapper ces criminels elle devrait au moins pouvoir frapper les maris légitimes qui se conduisent de même façon, elle est aussi impuissante pour les uns que pour les autres, si j'en juge par le fait suivant qui n'est malheureusement pas isolé :

8

Une pauvre femme demandait à son mari de quoi acheter du pain à ses enfants. Il lui répondait brutalement : « C'est toi qui les a faits, c'est à toi à les nourrir ». Un matin les petits pleuraient et criaient, ils n'avaient pas mangé depuis vingt-quatre heures ; leurs cris réveillèrent le mari qui se mit dans une colère affreuse ; il dit à la femme : — Fais les donc taire tes sales moutards. La malheureuse lui répondit : — Comment veux-tu que je les fasse taire ? ils souffrent, ils meurent de faim. Alors l'homme fouilla dans sa poche, il prit quelques sous qu'il leur jeta à la figure en disant : — Tenez, vas-de-la-gueule, ne braillez plus comme ça. La femme ramassa la monnaie, il y avait *sept sous !* Elle acheta du lait et un peu de pain et ne mangea pas pour ne pas rogner leur maigre portion.

Le lendemain même scène, le bruit se répandit dans la maison, un voisin la prit par charité pour faire son ménage. Un jour le commissaire de police arriva sur la réquisition du mari, elle fut arrêtée pour flagrant délit d'adultère et passa en police correctionnelle. A la demande du président : — Votre reconnaissance se comprend, mais vous n'auriez pas dû aller jusqu'à oublier vos devoirs. La pauvre femme répondit :

« Cela ne fût jamais arrivé si mon mari ne m'eût mise à la porte... Un jour qu'il était rentré

à moitié ivre, il m'a dit que ça l'ennuyait d'entendre toujours une femme se plaindre et des enfants
pleurer, et il m'a renvoyée en me donnant cinq
francs et en me disant qu'il ne voulait plus en entendre parler de moi et de mes enfants, cette somme
n'a pas duré longtemps ; c'est alors qu'un voisin me
proposa d'aller chez lui pour tenir son ménage,
en me disant qu'il aimerait mes enfants comme les
siens... J'y ai consenti avec joie, et puis je ne sais
pas comme ça s'est fait... »

Le tribunal condamna cette malheureuse à huit
jours de prison.

Et le mari ?

Si au lieu d'être une honnête femme et d'avoir
trouvé un voisin charitable elle s'était prostituée ?

Toutes ne sont pas comme celle-là. Une femme
fut un jour arrêtée en flagrant délit de prostitution ; on constata qu'elle était mariée depuis trois
mois seulement, qu'elle était enceinte et heureuse
en ménage ; elle se livrait à ce métier pour se faire
une bourse afin d'acheter des objets de toilette.
On fit prévenir le mari, qui voulut la tuer, mais
qui consentit à lui pardonner sur l'affirmation d'une
sage-femme que c'était une envie de femme
enceinte !

Voici au sujet des filles soumises et insoumises
une curieuse statistique puisée à des sources offi-
cielles, elle est absolument navrante :

Filles inscrites :

1810 —	1,500
1840 —	3,000
1860 —	4,200
1870 —	3,600
1880 —	2,850
1887 —	3,000

Filles insoumises :

1718 —	3,000
1810 —	15,000
1825 —	25,000
1830 —	60,000
1885 —	35,000

Il est impossible, même approximativement, d'évaluer le chiffre des prostituées qui tombent sous l'application de la loi et sous l'action de la police, il y a là tout un monde nomade qui change de physionomie d'un jour à l'autre, sans aucune exagération, il peut être évalué de : 35 à 45,000.

La moyenne des inscriptions s'élève à 600 par an.

Les radiations à 450.

De 1855 à 1869 il y eut pour cause de mariage 331 radiations.

Pour abandon de la prostitution et justification de moyens d'existence 579.

Par suite de départ avec passe-port 2,281.

Pour des punitions remontant à trois mois 7.880.

Par suite de condamnations 109.

Filles devenues maîtresses de maisons de tolérance 95, en tout 11,284.

De 1855 à 1869 il y eut 6,407 inscriptions, parmi lesquelles il y avait **366** femmes mariées.

Le chiffre des inscriptions baisse considérablement chaque année, il y en eut :

1871 —	1,014
1880 —	354
1881 —	527
1882 —	494
1883 —	615
1884 —	1,006
1885 —	1,299

Les filles *soumises* dépendent entièrement de l'administration. Comme *insoumises* pourvu qu'elles ne se laissent pas prendre en flagrant délit de prostitution, elles échappent à la répression, c'est ce qui explique la grande quantité de filles qu'il s'agit de faire réinscrire afin de diminuer la prostitution libre.

On délivre la pancarte suivante aux filles inscrites, il est nécessaire d'en donner le texte pour expliquer les causes qui les divisent en deux catégories : *soumises* ou *insoumises* :

8.

PRÉFECTURE DE POLICE   (*Modèle n° 49.*)

1re DIVISION

2e BUREAU

OBLIGATIONS ET DÉFENSES

IMPOSÉES AUX FEMMES PUBLIQUES

3e SECTION

Les filles publiques en carte sont tenues de se présenter, une fois au moins tous les quinze jours, au Dispensaire de salubrité, pour être visitées.

Il leur est enjoint d'exhiber leur carte à toute réquisition des officiers et agents de police.

Il leur est défendu de provoquer à la débauche pendant le jour ; elles ne pourront entrer en circulation sur la voie publique qu'une demi-heure après l'heure fixée pour le commencement de l'allumage des réverbères, et, en aucune saison, avant sept heures du soir, et y rester après onze heures.

Elles doivent avoir une mise simple et décente qui ne puisse attirer les regards, soit par la richesse ou les couleurs éclatantes des étoffes, soit par les modes exagérées.

La coiffure en cheveux leur est interdite.

Défense expresse leur est faite de parler à des hommes accompagnés de femmes ou d'enfants, et d'adresser à qui que ce soit des provocations à haute voix ou avec insistance.

Elles ne peuvent, à quelque heure et sous quelque prétexte que ce soit, se montrer à leurs fenêtres, qui doivent être tenues constamment fermées et garnies de rideaux.

Il leur est défendu de stationner sur la voie publique, d'y former des groupes, d'y circuler en réunion, d'aller et venir dans un espace trop resserré, et de se faire suivre ou accompagner par des hommes.

Les pourtours et abords des églises et temples, à distance de vingt mètres au moins, les passages ouverts, les boulevards de la rue Montmartre à la Madeleine, les jardins et abords du Palais-Royal, des Tuileries, du Luxembourg, et le Jardin des Plantes leur sont interdits. Les Champs-Élysées, l'esplanade des Invalides, les anciens boulevards extérieurs, les quais, les ponts, et généralement les rues et lieux déserts et obscurs leur sont également interdits.

Il leur est expressément défendu de fréquenter les établissements publics ou maisons particulières où l'on favoriserait clandestinement la prostitution, et les tables d'hôte, de prendre domicile dans les maisons où existent des pensionnats ou externats, et d'exercer en dehors du quartier qu'elles habitent.

Il leur est également défendu de partager leur logement avec un concubinaire ou avec une autre fille, ou de loger en garni sans autorisation.

Les filles publiques s'abstiendront, lorsqu'elles seront dans leur domicile, de tout ce qui pourrait donner lieu à des plaintes des voisins ou des passants.

Celles qui contreviendront aux dispositions qui précèdent, celles qui résisteront aux agents de l'autorité, celles qui donneront de fausses indications de demeure ou de noms, encourront des peines proportionnées à la gravité des cas.

Quand la surveillance de la Préfecture se relâche les chiffres des filles réinscrites s'abaissent comme le prouve la statistique de 1880 à 1884 et le chiffre des *insoumises* s'accroît, quand au contraire la surveillance est rigoureuse comme en 1885 les insoumises diminuent.

Les filles ont mille moyens de se soustraire à cette surveillance.

VI

Les tableaux de Paris. — La chasse à courre. — La femme
qui oblige. — La remise. — Le suiveur. — Cinq louis.
— Bullier. — Le marché. — Aimez qu'on vous loue et
non pas qu'on vous conseille. — Le coup du vestiaire. —
— Le coup du cabinet. — La côte des hommes. —
Pignoufs et grands seigneurs.

L'auteur des *Tableaux de Paris* faisait cette
réflexion il y a bien des années, « ce qui nous
inspire un profond effroi, c'est que si la prostitution
venait à cesser tout à coup, vingt mille filles publiques périraient de misère, les travaux de ce sexe
malheureux ne pouvant suffire ni à son entretien
ni à sa nourriture. »

Malgré l'augmentation des salaires, les réflexions
de Mercier seraient encore plus vraies. Aujour-
d'hui, il ne m'appartient pas de toucher à cette
question qui n'entre pas dans mon cadre, pourtant je puis dire que la prostitution n'est pas en
bas seulement et qu'elle atteint indistinctement
toutes les classes de la société.

Les filles du grand monde, nous les retrouverons dans *Paris-Galant*, quant à celles du demi

monde et même du quart de monde leur place est ici, car ce ne sont autres choses que des *Persilleuses*, un peu plus propres, voilà tout.

Rue de Maubeuge, ou rue de Condorcet, la scène suivante se reproduit tous les jours sans variante :

La bonne. — Madame sort-elle ?

Léa. — Crois-tu que la marmite va bouillir toute seule ?

La bonne. — Non ! elle bout déjà assez mal, il est venu des *anglais* (créanciers) ce matin ; ils ont gueulé comme des baleines. Quelle toilette faut-il à madame ?

Léa. — Ma toilette crême et rose, je vais au Jardin de Paris, y a du monde *chic*.

Ah ! à propos si le vieux aux trois louis vient comme *d'habitude*, de quatre à six, tu lui diras que je n'y suis pas, j'ai mieux à faire, sois polie, c'est une ressource, mets des cartes dans mon porte-monnaie.

On y lit :

LÉA DE LA MAISON BLANCHE.

RENTIÈRE

33, *rue de Laval.*

Puis elle part, vers midi, pas seule, toujours deux, parce que cela *pose* et donne une *contenance*, ensuite *l'amie*, souvent choisie laide à dessein, est très utile, elle engage les *affaires*, elle prélève sa part bien entendu, *l'amie* se nomme *la femme qui oblige*.

La femme qui oblige n'est pas un mythe, dans un procès célèbre, celui de la femme Frigard, elle s'étale dans toute sa hideur, elle répondait au président qui lui demandait à propos d'achats de bijoux qu'elle avait fait : Où avez-vous eu de l'argent ?

— J'avais 2000 francs.

— D'où provenaient ces deux mille francs ?

— *De mes remises.*

— Quelles remises ?

— Des *remises* que me faisaient les hommes qui venaient voir mon *amie* !

La femme qui oblige est parfois *honnête*, c'est-à-dire qu'elle ne prélève qu'une commission minime.

Celle-ci est une rare exception.

Donc, les voilà toutes deux en route, les plus *courageuses* dès midi, et les autres vers quatre heures

En route, elles marchent lentement, distribuant de droite à gauche un coup d'œil qui promet bien des choses, elles se retroussent de manière à faire

sortir d'un jupon bien blanc un bas noir ou bleu,
bien tiré, souvent la jambe est bien faite, la toilette est extravagante, voyante, mal ordonnée,
pas en harmonie, on sent que pour une partie au

moins, la marchande à la toilette a passé par là,
comme on devine les *locatis* au bois de Boulogne;
ce n'est pas un mal, cela fait retourner les passants, ces dames ne pratiquent pas le proverbe:
à bon vin pas d'enseigne!

Si elles se font suivre par leur toilette élégante ou par un coup d'œil furtif, on les voit, suivant leur chemin, les yeux baissés, elles s'arrètent de temps en temps devant un magasin pour bien s'assurer que le *suiveur* ne perd pas la piste et qu'il est un *miché* sérieux ne suivant pas en amateur, elles s'arrètent devant la porte d'une maison ordinairement de belle apparence ; là, elles attendent le *monsieur*, elles s'expliquent ouvertement avec lui, la discussion ne porte pas sur le travail, mais sur la somme demandée, qui est rarement d'accord avec l'offre ; la fille, car malgré sa mise, ce n'est ni plus ni moins qu'une *Persilleuse*, un peu plus propre, est généralement exigeante, j'en ai connu une qui ne discutait jamais, elle avait au cou une broche sur laquelle le bon roi saint Louis était peint.

Quand l'homme lui demandait combien? elle lui montrait sa broche, mais, je ne comprends pas, disait-il ; mon cher, répondait-elle, ce sont mes armes parlantes : *cinq louis !*

Toutes ne sont pas aussi rigoureuses, à l'approche du terme ou de l'échéance des billets souscrits à la marchande à la toilette, elles s'adoucissent et le prix est accessible à toutes les petites bourses, dix francs, la bonne en plus, ce n'est pas cher, car quelques-unes sont souvent luxueusement meublées, un luxe de mauvais aloi, il est vrai, mais c'est du luxe.

La plupart de ces filles habitent le quartier Rochechouart, des Martyrs, fort peu de l'autre côté de l'eau, elles traversent les ponts toutefois car elles vont à *Bullier*.

Ce bal que tout Paris connaît n'est pas, comme on le croit, un bal réservé aux étudiants comme jadis le *Prado*, ou la *Grande-Chaumière*, du père Lahire ; il existe deux catégories de clients : les étudiants, les artistes, dansent pour leur compte, ils sont là chez eux ; entre les quadrilles, ils se tiennent sur les côtés latéraux de la salle, ils consomment et fument leur pipe qui répand une odeur âcre et nauséabonde qui culotte ces dames, heureusement qu'elles ne craignent pas la fumée, car elles ont dans leur poche un petit arsenal de parfumerie ; leur boîte de poudre de riz, dont elles usent fréquemment, et un petit pot de rouge pour les lèvres, car parfois il en est qui les embrassent à l'œil, et ça démaquille !

Les autres clients sont des gommeux, des boudinés, des gens riches, des étrangers de passage, ils sont là tirés à quatre épingles, gantés de blanc comme pour une grande cérémonie, ils se tiennent graves, compassés, de crainte de déranger l'harmonie de leur nœud de cravate ou de briser leur faux col, ils se poussent, se heurtent, se marchent

9

sur les pieds, dans un espace plus long que large, qui forme l'un des bouts de la salle.

Cet espace se nomme à juste titre : *le marché !*

Le marché, cela a un parfum oriental, on se croirait à Constantinople en prononçant ce mot. Il est pourtant extrêmement exact.

C'est là que se tiennent les femmes, c'est là qu'on les marchande, que s'établit le cours, qu'on les *loue* à la nuit, à l'heure, ou à la course, elles aiment mieux être *louées* que d'être *conseillées !*

Il y a le choix pour les amateurs : des brunes, des rousses, des chevelures échevelées, ébouriffées, des bandeaux plats et sévères, des frisées, des adolescentes coiffées d'une petite toque, la natte de cheveux tombant sur les épaules, ce gibier-là est pour les vieux, les vieilles gardes, plus que mûres, recherchent les jeunes, il y a des joues pâles, des joues rougeaudes, des grasses, des maigres, des longues et des courtes.

Le marché est bien assorti, bien achalandé, la misère, la paresse, la luxure l'alimentent.

Les *potelées* ont généralement plus de succès que les *sac à os* (les maigres), les modes changent, il y a des années où la rousse est en hausse, c'est une question de teinture, qui fait chanter aux étudiants en goguette ce refrain égrillard :

> Je voudrais bien savoir
> Pourquoi les femmes blondes
> Ont les ..... cheveux si noir!

Sur ce *marché* on se croirait à la Bourse ou à Monte-Carlo, on n'entend parl   ue de louis.

— Donne-moi dix lou   m n   et : homm :.

— Ah! non, c' t .: bon l'anné   dernière, tu as vieilli.

— Oui, mais je suis à la mode, j':i été entretenue par le duc de B... j'ai plus de chic

— Ça m'est égal, les femmes c'est pas comme le vin.

— Allons ne sois pas grossier, donne-moi quatre louis, j'ai un billet à payer demain.

— Non, deux si tu veux.

— Allons donne, les affaires vont mal, mais tu vas me payer un verre de champagne.

Celle-là c'est la cynique que rien ne dérange ni ne déroute, elle raccrocherait le bon Dieu s'il venait à Bullier.

La timide, la débutante dit simplement : Tu me feras un petit cadeau.

Quand elle commence à devenir vieille, usée, que le client ne mord plus, elle fait le *coup du vestiaire* ou le *coup des cabinets*, quelquefois même les deux, ce n'est pas une mauvaise spéculation ; elle erre dans la salle, et quand elle aperçoit une bonne tête, elle l'aborde :

— Monsieur !

L'homme croit qu'elle va lui faire une proposition, et il recule d'instinct, comme le flot, il est
épouvanté, et répond vivement :

— Non.

— Oh ! monsieur ce n'est pas pour la *bagatelle*
s'empresse-t-elle, d'ajouter, je suis une ancienne
institutrice qui suis venu ici par hasard, je n'ai
pas de quoi retirer mon manteau du vestiaire.

L'homme pour être débarrassé de l'horrible
trumeau lui donne un franc, qu'elle empoche en
remerciant.

Le *coup du cabinet* est aussi simple, elle demande
dix sous pour pisser en s'exprimant ainsi :

— J'ai besoin de vider mon petit porteur
d'eau !

Elle se fait ainsi de dix à quinze francs par soirée
qu'elle dépense avec une *amie*.

Ces filles ont un langage particulier pour *côter*
les hommes.

Il y a une quinzaine d'années, pour dire qu'un
homme n'était pas généreux qu'il *gantait* dans les
numéros bas, elles s'exprimaient ainsi en l'apercevant sur *le marché*.

— C'est un homme de *trois urges*.

Si au contraire le monsieur payait largement elles
disaient :

— C'est un homme de *dix urges*.

C'était le *nec plus ultra*.

L'échelle n'avait que deux échelons, le *premier urge* s'employait pour désigner un *pignouf*, le *dixième urge* à propos de grands seigneurs.

Le prix fait tout ce monde s'accouple.

VI!

Quelques-uns croient que le mot *maquereau*
vient de l'hébreu *machar*, qui signifie : vendre,
parce que c'est le métier de ces sortes de gens de
vendre les faveurs des filles qu'ils ont eu l'art de
séduire, d'autres le dérivent d'*aquarius* ou *d'aquariolas* parce que chez les Romains, les porteurs
d'eau se mêlaient communément des intrigues de
débauche et en étaient les messagers moins sus-

pects, par l'entrée qu'ils avaient dans les maisons
des particuliers et dans les bains publics ; ceux
qui tiennent pour cette étymologie prétendent que
d'*aquariolas* nous avons fait, en y ajoutant la
lettre *m, maquariolus*, et que de là s'est formé le
nom de *maquereau.*

D'autres encore le tirent du mot latin : *macala-
rellus* parce que dans les anciennes comédies, à
Rome, les proxénètes de la débauche portaient
des habits bigarrés, et ils étayent leur opinion sur
ce que ce nom n'a été donné à l'un de nos pois-
sons de mer que parce qu'il est mélangé de plusieurs couleurs dans le dos (1).

Les modernes n'y regardent pas de si près ; suivant les époques, l'expression change pour quali-
fier ces aimables citoyens, on les a appelés successivement : *baigne dans le beurre, barbeau, marlous, marloupins, macrotins, Benoît, dos vert.*

En 1788, on désignait les souteneurs ainsi :
homme de qualité ; cent ans plus tard on est moins
talon rouge.

Enfin, leur nom plus généralement connu est
celui de *souteneur,* je ne vois pas trop pourquoi,
puisque, au contraire, ce sont eux qui sont *sou-
tenus !*

Le souteneur est né avec la prostitution, au

(1) Dessessart. *Dictionnaire de Police.* Bulenger, *opuscul.*

moyen-âge, c'est bien loin, les autorités traitaient
« les courtiers de débauche » avec la dernière
rigueur. A Bayonne on n'y allait pas de main
morte, on prononçait la peine capitale pour ce
délit.

Lebrun, dans ses *Procès criminels,* dit que dans
d'autres pays le dernier supplice était infligé, s'il
était vérifié que le coupable eut l'habitude de
suborner les filles et les femmes qu'il traînait à
perdition, qu'il les y eut induites par présents et
paroles persuasives, et que, par ce moyen, il les
eut rendu obéissantes à sa volonté et à la prostitution qu'il en désirait faire pour *tirer gain* de
telle turpitude.

En 1367, le prévôt de Paris n'était pas tendre
non plus pour les souteneurs et les proxénètes, si
nous en croyons l'ordonnance que rapporte La-
marre :

— Défenses à toutes personnes de l'un et de l'autre
sexe de s'entremettre, de livrer, ou *administrer* des filles
ou femmes pour faire péché de leurs corps, à peine d'être
tournées au pilori et brûlées, c'est-à-dire marquées d'un
fer chaud et chassées de la ville.

La procédure pour fait de *maquerellage* fut
également réglée par une ordonnance de 1713.

Le courtage de la débauche était considéré
comme un *crime.*

Bouchel, dans la *Bibliothèque de droit*, s'exprime ainsi :

— Que font autre chose les maquereaux, sinon remettre à l'entier toutes détestables servitudes abolies par les lois ; praticquer mieux que devant la vente des hommes.

Lebrun s'écriait avec indignation :

Quant aux maquereaux et maquerelles, ils sont du tout insupportables, comme ennemis de l'honnêteté, traistre de la pudicité conjugale et virginale, assassins de la saincte société humaine, proditeurs de la légitime succession des vrais héritiers, tisons de l'enfer et vrais truchemens de l'esprit immonde.

La peine capitale fut abolie, mais on condamna la maquerelle à être promenée sur un âne, le visage tourné vers la queue et des écriteaux devant et derrière portant ces mots : *maquerelle publique ;* elle était ensuite fouettée à nu, à plusieurs endroits de la ville, puis marquée de la lettre *M* et enfin bannie à temps ou à perpétuité.

Les maquereaux subissaient les mêmes peines.

Le Parlement de Rennes punissait d'une amende de mille livres les *vendries de poupées ou filleries*.

Aujourd'hui, en vertu de la loi, le souteneur est électeur et éligible !

Les temps sont changés.

Les souteneurs se recrutent dans toutes les catégories (je ne parle pas des souteneurs politiques),
on les rencontre aussi bien dans les salons du
grand monde que dans les bouges de barrières,
que l'habit, la jaquette ou la blouse leur servent
d'enveloppe, qu'ils soient souteneurs de leur
femme légitime, de leur sœur ou de leur fille, ce
sont toujours des souteneurs ; on n'a d'anathèmes
que pour les souteneurs de la rue, il semblerait
que l'habit est un *palladium* qui met les souteneurs du grand monde à l'abri ; pourtant quelle
différence y a-t-il entre eux?

Il n'y en a aucune.

Le maquereau légitime paraît un mythe, il existe
malheureusement et ce n'est pas le type le moins
répugnant de ces tristes individus.

Au dernier recensement on trouva sur 1,964 filles
inscrites à la préfecture de police, 145 femmes
mariées !

Interrogées, elles ne firent aucune difficulté
d'avouer qu'elles *travaillaient* pour leur mari.

En dehors des filles inscrites, il existe un grand
nombre de femmes mariées qui font le *truc* et
battent l'*antif* (1), notre monde est si facile, si
indulgent qu'on n'en fait pas un crime au m...ari,
au contraire, on le plaint et on ajoute : le pauvre

(1) *Antif*, trottoir.

homme, quel malheur pour lui d'avoir une semblable femme !

Eh bien! le pauvre homme qui vote, à qui on serre la main, qui demain peut être élu, le suffrage universel est si capricieux, n'est qu'un vulgaire maquereau.

Pour lui comme pour le souteneur de la rue, sa femme légitime est une *marmite* (1).

Il y a à Paris plus de vingt mille ménages de ce genre, et, circonstance aggravante, la femme, par dessus le marché, a un amant de cœur l'ami du mari, qui paie pour le trio.

Il ne faut pas crier à l'invraisemblance ou à l'exagération, c'est tout ce qu'il y a de plus vrai.

Le mari gagne 200 francs par mois, soit 2,400 francs par an, c'est à peine si cette somme est suffisante pour un, même avec un modeste loyer de 400 francs annuel, la femme dépense un millier de francs en toilette, le mari n'a pas l'air de s'en apercevoir, il est bedonnant, gras, bien vêtu, il a amplifié le proverbe : Quand il y en a pour un il y en a pour deux, pour trois, pour tous, c'est un conducteur d'omnibus en chambre.

Ce genre de femme n'a rien ni dans la démarche, ni dans la tournure qui la distingue des autres femmes, pour ne pas faire voir à ses voisines qu'elle

(1) *Marmite*, femme.

sort et leur donner l'éveil, elle a une complice. Elle sort en cheveux comme pour faire une course dans le quartier, la complice l'attend dans une rue voisine avec un chapeau et un manteau enveloppé dans une toilette, elles entrent dans une allée ou sous une porte cochère, en un tour de main, la femme se coiffe, revêt le manteau, et en route.

Ce genre de femme ne reçoit pas chez elle, elle va dans des quartiers éloignés du sien, dans des maisons connues, ou dans une chambre louée par elle, elle va aux bains de mer, cela s'appelle : *faire une passe bourgeoise.*

Les femmes d'ouvriers ne prennent pas tant de précautions, pendant que l'homme baisse le dos, la femme reçoit chez elle son *négociant,* son *ordinaire.*

Le souteneur de bas étage, celui qui constitue la clientèle habituelle des tribunaux correctionnels et des cours d'assises, débute généralement fort jeune, il est reconnaissable par sa tenue, car le souteneur a ses fournisseurs attitrés qui s'évertuent tout comme Renard et Léon à inventer des modes nouvelles.

De 1830 à 1848, la casquette des souteneurs se nommait une *patente,* de 1848 à 1855, on l'appelait un *David* et l'homme était réputé *Caustel,* c'est-à-dire *chic* lorsqu'il avait complété la livrée de l'emploi : pantalon à pied d'éléphant, gilet de laine

brun, chemise de couleur, et, autour du cou, un
bulard rouge ou bleu noué à la façon des mate-
lots.

Plus tard, ils portèrent la casquette à trois ponts.
Aujourd'hui ils portent la casquette plate à large
viscope (visière).

Les souteneurs de 1830 à 1875 eurent le champ
large pour *lever* les petites ouvrières, car il existait pendant cette période un très grand nombre de
bals publics vulgairement appelés *Pince-culs* : le
jardin Labouxière, le Tivoli d'hiver, le Prado,
Valentino, Mabille, le Château-Rouge, le Casino,
les Salles : Sainte-Cécile, Montesquieu, du Mont
Blanc ; d'Antin, l'Ermitage, la Reine Blanche, la
Boule Noire, l'Ardoise, la Moissonneuse, le Salon
des Muses, les Délices, le bal Gélin, la salle Graf-
fart, les Grands Pavillons, le Galant Jardinier, les
Barreaux Verts, les Folies-Belleville, les Folies-
Rabert, aux Deux Edmond ; aujourd'hui il ne leur
reste que le Moulin de la Galette, le bal Dourlan,
le Tivoli Waux-Hall, l'Elysée Montmartre, l'Elysée
Ménilmontant, le Jardin Turc et Bullier.

Les filles publiques courent un danger perpétuel, certains assassins trouvent dans le meurtre
des filles une volupté sinistre. Philippe, l'assassin
de la rue Saint-Joseph était de ce nombre, le rapport de l'expert Roussin qui fut chargé de l'autop-
sie des filles Robert 1864, Mage 1864, et Victoire

Bodeux 1865, constatait que ces filles étaient dépouillées d'une partie de leurs vêtements et qu'elles avaient été frappées pendant qu'elles se livraient à l'assassin. Philippe, un jour d'ivresse, avoua à une femme ses monstrueuses passions : j'aime bien les femmes lui dit-il, je les arrange bien, je les étouffe et leur coupe le cou; il était connu de toutes les filles du quartier Montmartre; en 1864, une fille nommée Hélène Meurand disait à une de ses camarades, en parlant de Philippe : « Ne monte pas avec lui, il a failli me couper le cou. »

Depuis, la série rouge a continué pour les filles publiques; en voici la liste à peu près complète :

La fille Levis, 10 octobre 1861, assassin inconnu.

La fille Marie Hélis, 15 avril 1864, assassin inconnu.

La fille Benoît, 6 février 1865, assassin inconnu.

Les filles Julie Robert et Mage 1864, Victoire Bodeux 1865, assassinées par Philippe.

Marie Fellerath, 23 juillet 1879, assassin inconnu.

Marie Jouin et Hélène Stein, juillet 1885, assassin inconnu.

Lucie Alhiaume, janvier 1885, assassinée par Maisonneuve

Marie Aguétant, 17 janvier 1886, assassinée par Prado.

Marie Regnault, 1887, assassinée par Pranzini.

Toutes ces filles tombées sous le couteau d'hommes raccrochés au hasard prouvent que le péril est grand pour elles, elles s'imaginent que le souteneur est un protecteur qui interviendra à propos pour les défendre et les faire respecter ; il faut aussi faire entrer en ligne de compte leur isolement au point de vue moral, ces deux faits expliquent, sans le justifier, le besoin qu'elles éprouvent de payer chèrement, autant qu'elles le peuvent, le misérable qui les défend et qui ne les méprise pas.

Le souteneur est un tyran qui bat sa femelle, elle est asservie sous sa domination, elle n'a plus ni volonté ni pensée, c'est une machine. C'est sans doute pour justifier cette situation que l'expression : *graisser* (la battre) quand elle ne veut pas marcher est employée communément par les souteneurs : j'ai *graissé* (1) ma *marmite* qui *calandrinait le sable*.

Alexandre Dumas écrivait, il y a cinquante ans, une monographie du souteneur : on ne court avec lui, disait-il, aucun danger, le temps n'est plus du spadassin féroce qui sort armé de dessous le lit où l'on aime à façon ; il patauge dans la boue, jamais dans le sang

Au temps où les marchands d'hommes existaient (gens qui fournissaient les remplaçants aux fils de

(1) *Graissé*, battre ; *marmite*, femme ; *calandriner le sable*, qui ne veut pas travailler.

ramille qui voulaient s'exempter du service militaire), leurs agences étaient toutes sur les boulevards extérieurs, depuis la Villette jusqu'à Montmartre, elles étaient reconnaissables à une enseigne représentant un militaire en grand tenue, des
devises belliqueuses étaient inscrites en grandes
lettres au-dessous de ces enseignes qui étaient,
en outre, ornées de drapeaux tricolores ; généralement, la boutique était un marchand de vins
traiteur ; c'était intelligent, le marchand d'hommes-
mastroquet nourrissait les remplaçants, il les lan-
ternaient sous différents prétextes, avant de les
présenter au conseil, de manière à ce que le jour
où ils étaient acceptés, et qu'il fallait régler les
comptes, le pauvre diable allait rejoindre le régiment avec une somme absolument insignifiante ;
des filles étaient attachées à ces établissements,
elles étaient les maîtresses des marchands
d'hommes-marchands-de-vins-souteneurs, c'é-
taient elles qui étaient chargées d'amener ce qu'a-
lors on appelait : « le cochon vendu » ; il est probable que le célèbre auteur des *Mousquetaires* ne
prit pas la peine d'aller dans ces bouges étudier
sur le vif le souteneur tel qu'il était ; autrement, il
aurait vu qu'alors le souteneur était aussi féroce
qu'aujourd'hui et à coup sûr moins lâche, car
c'étaient pour la plupart des hommes d'une force
herculéenne, qui, sous le moindre prétexte se

flanquaient « un coup de torchon » et mangeaient volontiers le nez de leur adversaire.

Autrefois le souteneur allait quotidiennement dans la maison de tolérance où il avait sa *marmite* pour toucher son *prêt,* cela se passe aujourd'hui d'une façon plus régence, à jour fixe la femme sort, tous deux s'en vont bras dessus bras dessous comme deux amoureux, déjeuner à Auteuil ou à Saint-Mandé, et ils règlent *leurs comptes* comme deux associés d'une maison de commerce. Souvent des discussions s'élèvent, mais le souteneur file doux, parce que si la femme voulait, elle n'aurait qu'à ne pas sortir, et le souteneur ne pourrait aller faire du scandale dans la maison de tolérance où il serait infailliblement arrêté, les maîtresses de maisons étant généralement bien avec la police.

Il existe des souteneurs cumulards qui *protègent* plusieurs filles à la fois; quand les filles apprennent cela, elles se cherchent querelles et se battent avec fureur; il en est d'autres qui vivent fort tranquillement en ménage; jamais de dispute, exacts pour rentrer au logis, polis avec leur concierge, payant la propriétaire au jour dit, un ménage modèle.

Les souteneurs se réunissent la nuit aux approches des gares, gare de Lyon et d'Orléans; ils stationnent dans les cabarets; à la gare de l'Ouest ils sont à proximité des filles qui attendent les voyageurs rue d'Amsterdam et au coin de la rue de Rome.

Quand les attaques nocturnes redoublent, c'est que les rafles ont retiré de la circulation un grand nombre de femmes ou que l'époque du terme approche ; les souteneurs subissent une crise commerciale ; il faut parer au déficit des recettes, ils n'ont pas comme la Commission du budget la ressource des virements, alors ils descendent dans la rue pour prendre par la violence ce que leur *marmite* n'a pu obtenir par la persuasion. C'est que ces gaillards-là ne connaissent pas le proverbe populaire : « Danser devant le buffet ; » c'est bon pour les ouvriers qui attendent la paie du samedi, à eux il faut trois repas, un litre chaque, le café, le pousse-café, la rincette, du tabac et la monnaie de poche pour jouer une partie de manille.

Ils s'embusquent dans un endroit désert et gare au passant attardé, il est *chouriné* sans pitié ; quand ils rentrent à leur logis, pour mettre leur conscience en règle, ils administrent une *floppée* à leur *marmite*. C'est une compensation.

Il existe une grande solidarité entre les soute-neurs, si une *Persilleuse* essaye de se soustraire à la domination de l'un d'eux ; tous s'associent pour qu'elle reste dans le quartier et ne songe pas à vivre seule, car si elle réussissait cela serait d'un fâcheux exemple, d'autres l'imiteraient, alors que deviendraient les chevaliers de la marée ?

Une remarque curieuse à ce sujet : les femmes s'associent avec les souteneurs pour empêcher que l'une d'elle s'affranchisse ; si l'une réussit elle ne peut plus travailler à la place qu'elle occupait d'habitude ; elle est en butte à toutes les injures, à toutes les insultes imaginables, elle est même frappée, alors la malheureuse change de quartier ; si elle exerçait boulevard Clichy, elle s'en va à l'Ecole-Militaire, mais le souteneur attaché à sa proie ne la lâche pas il la cherche avec soin et quand il finit par la découvrir, voici ce qui se passe :

Une fois la fille installée sur le trottoir de son nouveau quartier elle bat son quart et lie connaissance avec ses pareilles, qui la questionnent :

— D'où sors-tu, t'es pas une débutante, t'as l'air à la *coule* (1) ?

— Y a quatre ans que je fais le *truc*.

— Ou que tu *perchais* avant ?

— Boulevard Clichy.

— Pourquoi que t'es pas restée là-bas à *inspecter les pavès* ?

(1) *Coule*, pas embarrassé ; *truc*, moyen d'existence ; *percher*, demeure ; *inspecter les pavés*, travailler dans la rue ; *laché*, quitter ; *bouif*, savetier ; *ratisser*, prendre ; *braise*, argent ; *marnois*, souliers ; *pantre*, imbécile ; *p'um ard*, lit ; *battre comtois*, faire semblant ; *monter le verre en fleur*, s'illusionner ; *flopper*, frapper.

— J'ai *lâché* mon homme, *Gueule-d'Empeigne*, un sale *bouif*, y me *ratissait* toute ma *braise*, j'avais pas seulement de quoi acheter des *marnois*, et puis ce *pantre* là était jaloux, y me faisait des scènes quand je montais avec un homme, y se cachait dans la ruelle du *plumard* et si je *battais comtois* afin que le *miché se monte le verre en fleur*, y me *floppait*.

Les filles racontaient cette conversation à leurs souteneurs, alors pour la même raison indiquée précédemment, les souteneurs délibéraient qu'il fallait que cette fille prît quelqu'un, autrement on l'empêcherait de travailler; la malheureuse était forcée de retomber dans les griffes de ces misérables.

Alors le souteneur du boulevard de Clichy venait rôder autour de la fille pour la reprendre, aussitôt il était signalé par les autres souteneurs.

Il était reconnu à ceci.

Tous les souteneurs ne s'habillent pas de la même façon, chaque quartier a sa mode. Ainsi, par exemple, boulevard de Clichy, le souteneur a une chemise de flanelle à liseré bleu autour du col, aux poignets et sur le devant; ceux de la Chapelle l'ont rouge. En un mot, chaque quartier a sa couleur, sa marque de fabrique.

Aussitôt les souteneurs se réunissent et décident qu'il faut vider la question. Le souteneur de la femme va acco te: *Gueule-d'Empeigne* e l i dit :

— La *mome* t'a ; *plaquée* tu vas te *tirer les fumero* is ; c'e t ma femm :.

— Jamais de la vie, c'est moi qui l'ai *lancée* e la veux.

— Eh bien ! nous allons voir ça.

Ils se rendent dans un endroit désert, les autres souteneurs les suivent et le combat s'engage sans cris, les coups pleuvent drus comme grêle, les souteneurs n'interviennent jamais dans ces sortes d'affaires, pas plus que les sergents de ville, d'ailleurs qui les laissent se battre à l'aise. S'ils pouvaient se tuer, pensent-ils ! Enfin, le souteneur de l'Ecole-Militaire déclare qu'il a son compte, tous se rendent chez leur marchand de vins habituel, ils se lavent, boivent un coup et tous se rendent auprès de la femme, le vaincu lui dit carrément : Y m'a *arrangé*, faut que tu t'en ailles avec lui ; la femme résiste, pleure, crie, les femmes la battent et finalement *Gueule-d'Empeigne* lui prend son porte-monnaie, l'ouvre et en donne le contenu au vaincu comme fiche de consolation, puis il emmène sa femme triomphalement, jusqu'au jour où elle recommencera et où il trouvera plus fort que lui.

Le souteneur, pendant que la fille *persille*, est chez un marchand de vins à proximité, il joue t anquillement ; de temps en temps il sort pour la surveiller, quand il flaire une rafle, il *gaffe* (guette) et, par un signal particulier, il avertit de l'arrivée de la *rousse* (agent), le soir il rentre sa *marmite*.

Il existe un syndicat de souteneurs, qui ont une caisse organisée pour venir en aide aux filles qui subissent une peine disciplinaire. Celles-ci, pendant leur détention, reçoivent des secours.

J'ai dit que certains souteneurs étaient jaloux, cela peut paraître paradoxal, pourtant rien n'est plus vrai, un récent procès le prouve.

Dans la nuit du 19 septembre 1886, sur le pont Saint-Michel, à deux pas de la Préfecture, deux souteneurs jetèrent une femme à l'eau. Ils ne passèrent en cour d'assises qu'en février 1888.

Dans la soirée du 19 septembre 1886, une fille de mauvaise vie, la fille Levot, surnommée la *Bretonne*, se rendit avec l'accusé Hazo, dans un établissement de la rue Galande, connue sous le nom de *Château-Rouge*, fréquenté par des souteneurs et des repris de justice. La fille Levot y rencontra Darguesse et un de ses anciens amants, le sieur Benoist. Darguesse qui était animé de sentiments hostiles contre cette fille paria avec Hazo qu'il la jetterait dans la Seine pour une tasse de café.

Vers deux heures du matin, les deux accusés accompagnés de Benoist et de la fille Levot se dirigèrent du côté des quais. Ils s'arrêtèrent quelque temps auprès d'un petit marchand qui s'installait la nuit à l'angle du quai et du pont Saint-Michel pour vendre du café aux ouvriers qui allaient aux Halles. Puis ils s'avancèrent sur le pont.

Un ouvrier qui prenait du café entendit Hazo dire à Darguesse : « Tu n'as pas de sang dans les veines, tu n'es qu'un fainéant ». A ce moment, un sieur Kriegel distingua deux groupes séparés : Benoist et Hazo causaient à l'entrée du pont, tandis qu'un peu plus loin, à la hauteur de la première culée, Darguesse était seul avec la fille Levot, qui s'était suspendue à son cou. Elle jouait avec lui sans défiance, et fumait une cigarette, elle lui lançait des bouffées de tabac au visage. Tout d'un coup, Darguesse se pencha sur le parapet et fit tomber cette fille dans la Seine en s'écriant : La *Bretonne* à l'eau. Aussitôt, les deux accusés s'esquivèrent. Benoist voulut retenir Hazo par ses vêtements en lui reprochant de se sauver quand une femme se noyait, mais il put se dégager et prit la fuite.

Benoist descendit sur la berge pour porter secours à son ancienne maîtresse. Deux pêcheurs qui étaient montés sur un bateau en face du quai Saint-Michel, Artigavane et Guignet, se mirent à sa recherche. Ils ne la retrouvèrent qu'au bout d'un quart d'heure, alors que l'asphyxie était complète. Le corps fut déposé sur la berge. Benoist manifesta un profond désespoir, et, apercevant Darguesse mêlé à la foule qui s'était amassée, il l'apostropha en ces termes, rapportés par Guignet : *Tu sais bien, coquin, que c'était elle qui nous faisait vivre tous ! C'était notre meilleure ! Tu es un scélérat de l'avoir jeté à l'eau.*

Darguesse lui imposa silence par un vigoureux soufflet,

su*i de ces mots : « Tais-toi donc, et tâche de ne rien dire. »

Le cadavre de la fille Levot, fut ensuite transporté à la Morgue où son identité fut établie sur les indications de Benoist.

Le lendemain, Darguesse alla voir le sieur Rousset pour lui apprendre qu'on avait « foutu » la *Bretonne* à l'eau ; le soir, au Château-Rouge, en présence de plusieurs personnes et notamment du témoin Cavaillier, il se vantait de son crime et il racontait le pari qu'il avait fait avec Hazo.

Avertie par diverses rumeurs que la mort de la fille Levo n'avait point été accidentelle, la police procéda à une première enquête qui demeura infructueuse. Les témoins importants ne purent pas être retrouvés ou ne voulurent pas parler ; la seule déclaration précise qu'on put recueillir fut celle de Hazo qui, naturellement, s'efforça de détourner les soupçons de la justice. Il affirma qu'il avait vu cette femme ivre se coucher sur le parapet du pont et tomber elle-même dans le fleuve sans avoir été poussée par personne.

Ce ne fut que quelques mois plus tard, sur la révélation du détenu Rousset, qu'une information fut requise et qu'on put établir la culpabilité des deux accusés.

Après bien des réticences, Darguesse a été obligé de reconnaître qu'il s'était trouvé sur le pont Saint-Michel avec la fille Levot et que cette fille s'était pendue à son cou. Mais il prétend qu'il l'avait quittée un grand quart d'heure avant sa chute dans la rivière.

Ce système de défense est inadmissible.

Il ressort des dépositions des quatre témoins Kriegel, Benoist, Dupont et Aillaut, que Darguesse était sur le pont au moment où le corps de la fille Levot a franchi le parapet.

Kriegel et Benoist attestent que Darguesse était seul auprès de cette femme quand elle a été précipitée dans la Seine.

La fuite immédiate de cet accusé, ses propos rapportés par Guignet et par Artigavane, ceux qu'il a tenus en présence de Rousset et de Cavaillier, tout démontre que la fille Levot n'a péri que par suite d'un crime dont Darguesse est responsable.

Quant à Hazo, qui soutient être resté étranger au meurtre, il est certain qu'il s'en est rendu complice par le pari qu'il avait engagé et par la provocation qu'il a réitérée au moment du crime.

Les deux accusés sont des repris de justice sur lesquels les plus mauvais renseignements ont été fournis.

Ce Darguesse était un souteneur redouté, connu sous le nom de *Paulin* et de la *blouse noire*, il était l'ami de Hazo, *la blouse bleue, le frisé, le marchand de choux*, la déposition d'un témoin est typique :

Le matin du fait (*sic*), vers trois heures du matin, j'ai vu Hazo et Darguesse sur le pont Saint-Michel avec Benoist et la *Bretonne*. J'ai entendu crier : la *Bretonne* à l'eau. Je me suis retourné et je n'ai plus vu la *Bretonne*. A ce moment, Benoist est venu vers moi en pleurant. Pour moi, la *Bretonne* n'est pas une fille qui se serait suicidée. C'était une fille qui faisait la vie et d'habitude elles ne se donnent pas la mort comme ça.

Le nommé Benoist était marié avec la *Bretonne*, comme on dit. Quand elle était dans la misère elle allait avec le *Frisé*. Benoist et le *Frisé* étaient jaloux l'un de l'autre et c'est de là qu'est venu le mal. Un peu avant le fait j'avais vu la *Bretonne* tenir Marcellin embrassé par le cou. Mon impression c'est que c'est Darguesse qui a jeté la *Bretonne* à l'eau. Hazo et Benoist étaient un peu plus loin que Darguesse de la *Bretonne*.

Quand le fait est arrivé j'étais en train de boire une tasse de café *au café des pieds humides*, tenu sur le pont par Barère.

Comme on le voit, c'est un monde charmant.

Le souteneur est un gaillard qui passe sa vie à boire et à jouer, il faut rester une soirée chez un marchand de vins où ils se réunissent pour en juger, il n'y a d'ailleurs rien à redouter, j'y suis allé en compagnie d'un pauvre garçon à qui un souteneur avait volé la femme et la montre, ce n'était pas la femme qu'il regrettait mais la montre; j'y ai entendu des choses d'une drôlerie insensée, d'abord la chanson suivante :

CÉLESTINE OU LA MARMITE QUI FUIT

Lamentations d'un trois-ponts

REFRAIN.

C'est pas malın Célestine
Depuis que j'suis en turbine
Tu r'foul' pour trimarder
Nib à tortorer,
Tu m' f'ras calancher.

Autrefois j' t'appl'ais ma p'tit' mome,
Et mes valades étaient graissées;
On m'agate et, me v'la en paume
Et tu t' débin' des mat'lassées.
J' ten ai paré d' ces attignoles
Pous ton nière je m' s'rais fait buter;
Mais v'la qu' tu fréquentes les cas'rolles
Marmite que j'ai fait débuter.

Quand tu fleurissais su' l'bitume,
Tous les gonses étaient épatés
Comme eune lanterne qui s'allume
Ton chass' f'sait des l' vag's rien urfés.
A chaqu' traiyage tu f'sais ta pièce,
Pendant c' temps là j'allais m'en j'ter;
Maint'nant v'la qu' tu r'niff' su' l' commerce
Et j' passe à l'as pour m' les caller.

Les r'luisants qu' tu t' carrais en grève
J'm'camouflais en boudiné.
Tu me r'filais Madame la braise
J' flanquais mon galurin d' coté,
Puis au tortorent plus d'un pante
Était bleu d' nous voir morfiller.
O'jord'hui j'ai du vent dans l' ventre,
J' sens l' paquet d' tripes s' cavaler.

T'étais nippée à la cocotte,
On jactait : est-elle frusquinée ;
Ça donne envie de tirer une botte,
C'est une marmotte qu'est rien tappée
Maint'nant tu t' toquarde de la frime ;
Tes deux oranges tombent dans tes bas,
T'es des mois sans changer ta lime
Y'a même des mois qu'tu n'en a pas.

Quoi ? c'est éteint... tu r'butte au flanche,
Y' a pu d' trottinage à la clé
Des dattes pour que tu fass' la planche,
L'anse de la marmite est cassée,
Pour parer c' gnon qui m' met su'l' sable
Comme ta peau n' veux plus qu' saignanter,
J' va me r' coller avec ta dabe
Qui ne r' foul' pas pour turbiner.

Ensuite j'ai assisté au vidage des tire-lire. On
sait que mesdames les *Persilleuses* cachent leur

argent dans leur bas, alors, au moment où messieurs les souteneurs doivent régler les consommations les dames se retournent sans façon et fouillent le porte-monnaie économique. Les souteneurs qui sont gens propres et ne laissent rien traîner, passent la revue et s'offrent jusqu'à la dernière pièce de monnaie, mais les *Persilleuses* malignes ont caché la plus grosse part dans leurs chignons.

Un volume ne suffirait pas à l'étude du souteneur, mais je crois avoir suffisamment démontré que c'est un genre de crapules qui devraient disparaître à tout jamais de ce Paris qui fait l'orgueil de la France.

A propos d'un procès d'une fille nommée Élisa, mon confrère Georges Montorgueil me fournit la fin de ce chapitre, on ne pouvait mieux dire :

. . . .

« Tous les règlements tendant à réprimer la prostitution ne répriment rien ; ils n'atteignent que la femme. C'est l'homme qu'il faut toucher. Les tribunaux étaient entrés dans cette voie ; ils avaient jugé que recevoir asile chez une femme vivant de sa chair, c'était être en état de vagabondage. On applaudit à ce verdict qui menaçait la corporation ; mais les souteneurs ont plus d'un tour dans leur sac. Ils ne sont plus chez la femme, ils sont chez eux dans leurs meubles, comme l'at-

teste leur quittance de loyer ; par exemple, ils ne
disent pas avec quel argent ce loyer est payé.

« Et, certains de l'impunité, — comme de leurs
triomphes sur des âmes avilies qui cherchent au-
dessous des âmes à qui se confier qui puissent les
faire souffrir mais non les humilier — ils nagent
tranquillement dans leur tourbe. Ils se trahissent
en tout, voix, démarche, costume ; mais on est dé-
sarmé contre eux. On n'a point d'hameçon pour
pêcher ce poisson-là. Les mailles du filet légal
leur livrent passage. Et pourtant l'on convient
que ces jeunes drôles si bien pommadés avec l'argent des filles, sont les futurs chevronnés du crime,
qu'ils développent la prostitution pour en vivre
plus nombreux et mieux ; qu'ils sont les ferments
de cette pourriture qui va s'étalant. La préfecture
les nomme par leurs sobriquets suivis de l'épithète : « dangereux souteneurs ». Ils sont « dangereux », et on ne peut que les surveiller, pas si
étroitement encore qu'ils ne fassent le mal en toute
sécurité.

« J'ai rêvé quelquefois d'un préfet de police
armé d'un pouvoir discrétionnaire qui ferait une
pêche miraculeuse... Il en prendrait, il en prendrait.. des milliers et des milliers... Il en charge-
rait un vieux navire en partance pour une colonie
lointaine, dont la cale pourrait s'ouvrir en route.
Mais ce moyen serait peut-être un peu cruel, puis

il ne serait pas économique ; ce serait des forces
perdues. Le plus sage serait d'employer ces vies
à des travaux mortels, mais nécessaires. Il y a
toujours des terres à défricher, des canaux à
creuser, des digues à construire ; besognes qui
ont pour conséquence des fièvres pernicieuses.
On y emploierait des souteneurs. Quasi tous y lais-
seraient utilement leur peaux ; ce serait autant de
peaux de braves gens d'épargnées.

« Il y a un proverbe qui dit : « Faut que tout
le monde vive. » Mais c'est du monde honnête
que le proverbe entend parler. »

VIII

Voici ma carte. — Une bonne aventure. — A bon rat
bon chat. — Une amie. — Une femme rangée. — Le
comptable de ces dames. — Les appartements de ces
dames. — Une bonne intelligente. — Ne vous mettez
pas à la fenêtre. — Un concierge exigeant. — Les propriétaires souteneurs. — Les maquilleuses de brêmes.
— Une tante ou mère. — Les poseurs de lapins. — Un
anglais dans un couvre-pied. — Un champ de course à
huis-clos. — Hue donc carcan !

Les filles vont aux théâtres, à la mode, les *Folies-
Bergères*, *l'Eden-Théâtre*, les *Montagnes Russes*
ont le privilège de les posséder chaque soir, elles
se placent généralement au balcon, bien en vue,
le plus près possible de la sortie, dans les entr'actes,
elles vont au foyer, ou au promenoir, elles causent
et vous glissent leurs cartes, souvent cela ne leur
sert pas immédiatement, mais l'homme qui l'a dans
son gousset se souvient et après un bon dîner il va
à l'adresse indiquée, c'est le *casuel*, et plus tard,
s'il a été satisfait du travail, il devient un *habitué*,
certaines de ces filles en ont comme cela une quinzaine, quelquefois vingt !

Il arriva à propos des cartes, à un avocat, aujourd'hui très en vue, une aventure des plus cocasses.

Une nuit de vadrouille, il était, en compagnie d'amis, allé rendre une visite à Amélie rue Feydeau. Amélie avait dans toutes les jointures des cadres des glaces de son salon, des cartes minuscules, gravées sur vélin, lesquelles portaient son nom, son adresse et cette mention : modiste..Un ami glissa une de ces cartes dans le gousset du pantalon de l'avocat; ce dernier avait une femme jalouse à l'excès, quand il rentra à quatre heures du matin, ce fut une scène terrible; très éméché il s'endormit; sa femme fouilla toutes ses poches, enfin elle allait abandonner ses recherches, lorsqu'elle sentit la malencontreuse carte; bon, pensa-t-elle, pour l'avoir caché aussi bien ce doit être grave. Elle la prit et lut, sa colère ne connut plus de bornes; aussitôt que son mari fut éveillé la scène recommença.

— Pourriez-vous, monsieur, lui dit-elle, me dire d'où vient cette carte?

Il la prit et comprit la farce qu'on lui avait joué.

— C'est la carte d'une cliente, répondit-il.

Sa femme ne souffla pas un mot, mais sur les quatre heures de l'après-midi, elle s'habilla et alla rue Feydeau; elle vit bien les carreaux brouillés, mais elle pensa que ce devait être une mesure de prudence pour empêcher les ouvrières d'être distraites par les passants. Elle entra. Une bonne vint lui demander ce qu'elle désirait, elle demanda à parler à Madame Amélie pour une affaire de chapeaux.

La bonne très au courant, à qui pareille chose arrivait souvent, car on lui envoyait des jolies femmes sous différents prétextes, accueillit gracieusement la visiteuse, d'autant plus qu'elle était fort belle, elle alla prévenir Amélie mais au préalable elle fit entrer la femme de l'avocat dans un salon réservé.

Amélie s'empressa d'accourir

— Que désire madame?

— Je viens pour un chapeau.

— Bien, voulez-vous retirer le vôtre, ces cheveux-là sont à vous, oh! ils sont magnifiques.

Aussitôt elle lui retira son peigne, ses cheveux se déroulèrent, elle y passa amoureusement la main.

— Comme ils sont soyeux, comme ils sentent bon; vous êtes jeune?

— Oui, vingt-quatre ans.

— Faites-moi voir votre jambe.

La dame confuse, rougit, mais ne comprenait pas, elle pensait néanmoins quelle était chez une

drôle de modiste qui vous p.ena't mesure d'un
chapeau en examinant vos mollets.

Amélie la retroussa sans façon, les jambes
étaient merveilleuses, des jarretières noires à
boucles d'argent, placées au-dessus des genoux,
soutenaient des bas à jours d'une finesse incompa-
rable, la chair de la cuisse en paraissait plus rosée,
Amélie la trouva très ferme, elle allait pousser ses
investigations aussi loin que possible, quand la
dame qui trouvait ces manières de plus en plus
étranges, lui dit enfin :

— Mais, madame, vous êtes une singulière modiste, je suis venue ici pour un chapeau.

— Vous n'êtes donc pas une.....

— Oh! fit-elle indignée.

Et elle raconta l'histoire de la carte; tout s'expliqua.

Il causèrent longuement, la dame ne parla pas à
son mari de son expédition mais elle devint *l'amie*
d'Amélie, un souvenir de pension !

Il faut se méfier des cartes de visite!

Si en général, les filles passent pour être des
paniers percés, si l'argent qui vient de la flûte
s'en retourne au tambour, il en est qui sont d'habiles calculatrices, elle tiennent des livres parfaitement en règle, il existe même un monsieur,
comptable dans un grand établissement, qui,
chaque fin de mois, se rend à domicile, pour

arrêter et régulariser les comptes de ces demoiselles.

J'ai eu sous les yeux un de ces livres, l'orthographe y est des plus fantaisistes, et les détails en sont aussi réalistes que possible.

En voici un échantillon :

Compte des hommes pendant l'année.

1er janvier —	Un américain	100 fr.
2 —	La peau....................	»
3 —	Henry.....................	»
4 —	Son ami...................	»
5 —	Mon ordinaire.............	20
6 —	Mon coiffeur, son mois........	15
7 —	Madame de M........	50
8 —	Un anglais............... .	100
9 —	}	
10 —	} Relâche	
11 —	}	
12 —	Un russe..................	40
13 —	Jour de déveine, un lapin......	»
14 —	Un officier	10
15 —	Mon ordinaire.............	20

Rien ne manquait, ni les totaux mensuels, ni l'état comparatif des recettes par mois avec ceux de l'année précédente.

Les appartements sont meublés suivant le degré de richesse des locataires, mais partout l'armoire à lace domine, c'est le drapeau, l'enseigne, si l'armoire à glace avait gardé l'image de tous ceux qui s'y sont mirés pour rajuster leur toilette, quelle cohue, bon die !

La chambre à coucher est généralement blanche ou bleue, il n'y a d'autres meubles qu'un lit, une armoire à glace, une toilette, la toilette, après le lit, est la pièce principale ; le boudoir (ne pas prononcer ce nom comme un allemand) ou la pièce qui en tient lieu ne possède que deux fauteuils, quelques bibelots et une chaise longue, autrement dit une *satisfaction*, c'est 'à que madame reçoit de deux à quatre, les *michés* qu'on lui adresse, ou qui sont des *habitués*.

Presque tous les appartements de ces dames ont deux entrées, cela est fort utile, les clients ne se rencontrent pas, les reconnaissances fâcheuses sont ainsi évitées, car l'homme est si bête et si vaniteux qu'il croit toujours être le seul !

Pour une putain, une bonne intelligente et jolie est un trésor, la bonne n'ouvre jamais qu'après avoir fermé toutes les portes à chaque coup de sonnette d'un nouvel arrivant, elle frappe discrètement chez Madame.

— Madame, c'est une dame qui vous demande. C'est compris.

La bonne intelligente et jolie a encore une autre raison d'être, raison de haute valeur, si

Madame est sortie et qu'un client s'amène, elle
l'entretient, en attendant l'arrivée de Madame,
celle-ci est reconnaissante de ce dévouement à la
chose commune

Il y a des bonnes qui sont renommées et qu'on
retourne voir tant leur conversation a été aimable.

Une particularité curieuse. Madame se met bien
à la fenêtre, cela lui sert quelquefois, quand un
flâneur passe en quête d'aventure, mais elle ne
permet jamais aux hommes qui sont chez elle d'en
faire autant, un *habitué* pourrait passer dans la
rue.

Autrefois les Lorettes, Cocotes, Horizontales,
tout ce qu'on voudra, avaient leur quartier général dans *Breda-Street,* maintenant elles sont dis-
séminées, les maisons qu'elles habitent sont généralement des maisons neuves, elles essuient les
plâtres.

Les propriétaires et les portiers de ces maisons
sont de curieux types. Les uns louent en meublé,
à la journée, les autres profitent de la position
exceptionnelle et délicate de leurs locataires pour
louer 1,500 francs ce qui en vaut 500 !

Dans ces maisons, c'est un va et vient continuel,
les portiers tirent le cordon toute la nuit, si passé
minuit un homme descend de la maison et demande
le cordon d'une voix timide, le portier se lève et
dit à *l'étranger,* sans barguigner :

— Monsieur, vous me dérangez de mon sommeil, vous comprenez ?

— Non !

— Et bien il faut me donner quelque chose.

— Je n'ai pas de monnaie.

— Je vais vous rendre.

— Voyons, combien est-ce ?

— Ce que *monsieur* voudra.

L'étranger, impatienté, saigne encore une fois son porte monnaie, au profit du chevalier..... du cordon et se sauve pour rentrer chez lui.

Les propriétaires sont aussi des souteneurs, ils payent peu leur concierge, ils comptent sur les bénéfices probables, si les femmes se plaignent ils répondent avec cynisme :

— Que voulez-vous ! il faut bien que tout le monde vive.

Ces bons propriétaires emploient un singulier moyen pour garantir leur loyer.

Le voici :

Si une de leurs locataires tombe malade, ils supposent que, ne SORTANT plus, elle ne pourra pas payer immédiatement, ils lui donnent congé au demi-terme, comme ils sont créanciers privilégiés, ils ont les meubles qu'ils gardent et qu'ils loueront en meublé à une autre fille.

Il y a des bonnes qui sont féroces sur le *Coup du chandelier*, les auvergnates et les normandes surtout, quand un homme, son affaire faite, s'en va, la bonne la reconduit et l'éclaire, s'il n'a rien donné, comme il descend le premier, elle incline la bougie de manière à lui maculer son paletot, l'homme ne s'en aperçoit pas immédiatement, il rentre chez lui, on voit d'ici le lendemain la scène d'intérieur qui s'en suit, et les explications qui en résultent.

Toutes les femmes sont superstitieuses; dans les brasseries qu'elles fréquentent, elles vous demandent de mettre une pièce de monnaie dans leur bas, ce n'est pas désagréable; pour dix sous, sans se mouiller les pieds dans la rue, les jours de pluie, on voit une jolie jambe, ce n'est pas comme chez la femme colosse, il n'est pas défendu de tâter pour le même prix.

Connaître l'avenir par les cartes est une des grandes préoccupations des filles de tous rangs et de tous poils; elles ont leurs tireuses de cartes attitrées.

La *Maquilleuse de Brêmes*, ou autrement dit la tireuse de cartes, est généralement une ancienne fille. C'est ordinairement une femme de quarante à cinquante ans, insinuante à l'excès, un mélange de renard et de fouine, elle a conservé de son ancienne profession une audace peu commune. Elle a quelque peu le nez *culotté*, elle boit pour oublier, elle boit pour se soutenir, elle boit pour s'inspirer, bref elle boit sans cesse, elle est grasse, replète, satisfaite et prise constamment.

Sa trogne est tellement rouge que les gamins dans la rue l'appellent : *la Mere Meurt-de-Soif!*

Elle porte au bras un cabas ou un sac dans lequel sont ses *outils;* un jeu de cartes dit *Tarots,* un livre de chiromanci, sale, gras, maculé, à force d'être feuillet, et de plus l'*Art d'expliquer les songes*, le songe joue un grand rôle dans l'existence des filles.

La *Maquilleuse de Brêmes* commence généralement sa tournée vers dix heures du matin, cette heure matinale a sa raison d'être, car la plupart des filles ne commenceraient pas leur tournée, à la chasse du *miché*, sans la consulter.

Cette femme est la confidente de bien des secrets, elle est l'intermédiaire, elle favorise les vices de ses clientes, elle l'encourage toujours dans la voie qu'elle suit, en lui prédisant de hautes destinées, elle l'éblouit et la flatte.

Coût trois francs !

La tireuse de carte a un peu de ressemblance avec l'*amie qui oblige*, elle accompagne volontiers sa cliente, elle joue à ravir le rôle de *mère* et de *tante* à des prix modérés; dîner et cognac par dessus le marché.

Elle connaît tout Paris, elle n'a pas besoin d'être présentée, elle va au hasard, tourne à droite ou à

11.

gauche elle est sûre de rencontrer des filles.
d'ailleurs la fruitiè · la recommande aux bonnes
les bonnes reçoivent une prime et la recom-
mandent '. leur maîtresse.

La tireuse de carte, trop vieille pour recom-
mencer ses études sur la science du grand *Etella*,
a une co· cui rence dans la femme qui lit dans la
main, celle-là est une création nouvelle, et son
aplomb est encore plus merveilleux que celui de la
tireuse de cartes ; sans coup férir, elle prédit cent
mille francs de rente, et toutes les mains pour
elle, possèdent la *Voie lactée* et la *Saturnienne
directe.*

Au reste les filles ne leur demandent pas grand
chose.

— Ferai-je des *affaires* ?
— Où faut-il aller ce soir?
— Mon amant me trompe-t-il?
Ce à quoi la devineresse répond invariablement :
— Oui, vous en ferez.
— Allez ce soir au boulevard des Capucines.
— Loin de vous tromper, il vous aime à l'ado-
ration.

Deux de ces *Maquilleuses de Brêmes* ont eu
une grande réputation, elles se nommaient la *mère
Constantin* et V..., cette dernière était la mère
d'une actrice en grande réputation aujourd'hui.

Les filles se mettent quelquefois à aimer ; *c'est*

du temps de perdu, disent-elles, mais elles s'y laissent prendre tout de même, les unes par désœuvrement, les autres par solitude, car elles n'aiment pas à être seules ; quand ce n'est pas un homme qu'elles aiment c'est une femme.

Ah ! ce qu'elles n'aiment pas par exemple ce sont les *poseurs de lapin* et elles y sont fréquemment exposées ; le moyen de dire à un monsieur bien mis, décoré, au moment psychologique : payez-moi d'avance, c'est impossible, aussi il en résulte des aventures les plus cocasses ; qui se dénouent parfois devant les Tribunaux, témoin celle-ci :

« Un certain Mignot, ancien employé de commerce à Bordeaux, avait connu dans cette ville une jeune et jolie couturière que, de fil en aiguille, il avait détourné de tous ses devoirs. Il partit pour Paris avec elle. Arrivé ici, il se fit passer pour le comte de Santiago, consul-général d'Espagne, et usa de ce faux nom pour obtenir ses entrées chez plusieurs personnes du demi-monde. Il trompa sans vergogne son aimable Bordelaise avec un nombre incalculable de demoiselles de magasins, d'artistes lyriques et... d'ouvreuses de théâtre.

« Mais il ne se contenta point de prendre à ses conquêtes leurs bonnes grâces, il se hasarda plusieurs fois jusqu'à dérober leurs bijoux : une vieille ouvreuse, fanée, ridée, grisonnante, avec laquelle

il avait trouvé moyen d'être très galant, fut « re-
faite » par lui d'un billet de 100 francs.

« Une charmante passementière, Mademoiselle Bouton, lui demanda un soir, après lui avoir
donné les plus grandes preuves de dévouement,
quelque chose comme un peu de reconnaissance.
« Je n'ai sur moi, lui dit-il, qu'un billet de cent
francs. Je te le laisserai. Mais donne-moi de la
monnaie. » Elle lui remit un louis et, sans plus de
façon, tendit la main pour recevoir le billet. « Non,
dit-il, donne-moi une enveloppe, ce sera plus con-
venable. » Elle lui donna l'enveloppe ; il serra le
billet dedans, et quand après son départ, elle se
précipita sur ce pli précieux, elle y trouva soi-
gncusement cacheté, un de ces prospectus qui si-
mulent les billets de banque et qui portent généralement ces mots : « CINQ CENTS FARCES. »

« Un autre soir, le faux M. de Santiago était
reçu chez Mademoiselle Defelly, artiste dramatique. Il portait à la boutonnière le ruban jaune et
blanc de l'ordre d'Isabelle-la-Catholique ; il
éblouit la jeune femme en lui contant de préten-
dus voyage en Russie, en Allemagne, en Turquie.
Il fut si séduisant, si irrésistible qu'au moment de
prendre congé de Mademoiselle Defelly, quand il
lui demanda la monnaie pour payer un fiacre, elle
lui avança 40 francs, qu'elle ne revit, bien entendu
jamais. »

Une autre non moins amusante est celle arrivée
à une fille en vogue, surnommée *Fleur de grue*
tant elle est bête.

Elle *leva*, un soir, un anglais, dans un restaurant
de nuit, l'anglais alla coucher avec elle ; les femmes
ont grande confiance aux anglais, elle ne fit pas
de prix et ne lui demanda rien d'avance ; l'anglais
bien élevé et voulant sans doute être bien servi,
quand la femme fut au lit, (il la laissa coucher la
première pour juger sa performance) se déshabilla
et mit sur la cheminée un billet de banque plié en
quatre, la femme le guignait du coin de l'œil, très
satisfaite, elle contenta l'anglais malgré qu'il fut
très exigeant, à tel point que le matin il dormait
profondément.

Elle se leva sans bruit, passa un jupon, un peignoir, et descendit chez le boulanger, pour se
rendre compte de la valeur du billet qui était une
banke-notes, le boulanger ignorant lui répondit
qu'il était faux ; furieuse, elle remonta chez elle,
prit les effets de l'anglais qui dormait toujours et
les enferma à clé, enfin il se reveilla, il chercha ses
effets, naturellement il ne les trouva pas, il faut
dire qu'il ne parlait pas un mot de français, il les
demanda à la femme, qui lui répondit en l'appelant
filou, la dispute dura bien une bonne heure, lui,
jurant en anglais, elle lui répondait en français,
enfin il voulut la boxer, elle pris les pincettes, cela

calma l'anglais qui prit un parti héroïque.

La femme avait oublier de cacher les bottes, il les chaussa, puis, prit bravement le couvre pied de mousseline, il s'en drapa comme d'un manteau et s'en alla, la femme riait tellement qu'elle oubliait *le lapin.*

Dans la rue, il fut aussitôt entouré d'une bande de gamins, il n'alla pas loin, il fut conduit au poste de la rue Bochard de Saron, ou tout s'expliqua, la bank -notes valait cinq livres ; elle rendit les effets et lui le couvre-pied.

Les femmes voient souvent des choses étranges.

Un jour je montais chez l'une d'elles, dans la rue des Martyrs, dans une chambre spacieuse, je vis du haut en bas, sur les quatre murs, une série de rayons, sur lesquels étaient symétriquement rangées des bottines absolument neuves, il y en avait bien quatre cents paires.

— Tu veux donc t'établir cordonnière? lui dis-je.

— Pas du tout, me répondit-elle, c'est la toquade de mon vieux.

— Comment sa toquade? Je ne comprends pas.

— Sa passion, si tu aimes mieux.

— Oh! raconte-moi ça.

— Je veux bien, tu vois que par terre, il y a un triple tapis, épais comme un matelas, mon vieux

vient toutes les semaines, et m'apporte une paire
de bottines neuves ; la bonne ferme hermétiquement les rideaux et allume les bougies du lustre,
je me déshabille, lui aussi, je chausse les bottines....

— Et quel costume revets-tu ?

— Aucun, je n'ai que mes bas, et mes cheveux
dénoués pour manteau.

— Alors, il s'accroupit sur le tapis, je monte à
cheval sur son dos, et avec mes talons, je l'épe-
ronne en lui labourant les flancs, il court à travers
la chambre, en criant : tape plus fort ; tu penses si
je le ménage, ça m'amuse, au bout d'un quart
d'heure, il crie : assez. C'est le moment !

— Et il te donne ?

— Cent francs chaque fois.

— Mais c'est un fou.

— Il n'a pas que cette folie-là, il en a une autre
plus cocasse.

Il vient ici le lundi, le vendredi, il va chez la
grande Élise, au lieu de bottines, il lui apporte un
fouet neuf, elle en a une collection épatante, elle
se met dans le même costume que moi, lui aussi,
elle lui passe dans la bouche un mors en argent,
puis elle commence à le fouetter doucement, il
court tout autour de la chambre, elle crie : hue,
hue donc, vieille rosse, il imite les chevaux rétifs,
il hennit, fait semblant de ruer et refuse d'avancer

elle le fouette plus fort, en criant comme les char-
retiers : hue donc, nom de Dieu de carcan, il
reprend sa course, elle tape toujours, alors il
tombe épuisé sur le tapis et il dort.

Il y en aurait cinquante à raconter de ce genre,
mais cela est impossible à écrire.

Les restaurants de nuit. — Des gérants peu honorables.
— L'addition forcée. — Le coup du lavabo. — Une
noblesse de contrebande. — Un dictionnaire intelligen:•
— Les courtiers en galanterie. — La Morgue au boulevard Montmartre. — Y a du Trèpe. — La brasserie
moderne. — Les quémandeurs. — Une accapareuse.
— La part du souteneur. — Une amie en colère. —
Une putain bienfaisante. — Pourquoi pas un gros
numéro? — Un homme plein d'avenir. — Salle réservée. — La brasserie Fontaine. — Une noce égarée. —
Salis et les femmes seules au *Chat-Noir*.

Quand les filles n'ont pas eu la chance de *tom-
oer* un *miché* elles s'en vont chasser dans les restaurants de nuits.

Il y en a un certain nombre : Sylvain, le café
Américain, Hill's, au Gaulois, la Maison-Dorée,
au Grand Comptoir.

Autrefois chez Vachette-Brébant et au Helder.

Ces établissements restent ouverts toute la nuit,
ils ont ce privilège on ne sait trop pour quelles
raisons.

Un ouvrier qui va à son travail ne trouve pas,

après minuit, à boire un verre de vin, mais pour les putains, c'est une autre affaire, l'autorité est pleine de tendresse, c'est une mère pour les prostituées.

Ces restaurants sont toujours peuplés d'un public masculin assez confortable qui ne manque jamais une si belle occasion de faire réveillon toute l'année.

Les salons et les cabinets affectés à ce public spécial de médianoche sont toujours pleins, il y a là, concentrée, une foule bigarrée de viveurs, cohue joyeuse, toujours prête à s'amuser.

Toutes les classes de la société y sont représentées depuis le gommeux qui commence jusqu'au vieux gommeux qui finit, c'est un panorama ondoyant et divers comme l'homme de montagne.

Il se passe quelquefois dans ces établissements des épisodes navrants. Une malheureuse fille erre de table en table, ivre de champagne, oubliant dans son ivresse passagère le pain d'un sou du matin ; une autre se promène mélancoliquement attendant que quelqu'un l'invite soit à souper, soit à boire, de temps en temps, un garçon fait signe à l'une d'elle, elle disparait, elle va tenir compagnie pour une demi-heure ou une heure à des gens qui soupent dans un cabinet.

Il existe un *truc* assez curieux, employé par les gérants pour maintenir le personnel féminin.

Souvent les femmes n'ont pas le sou, elles viennent quand même, le garçon leur sert à souper et à boire, puis, si personne ne les *lève* ce soir-là, il met la note au comptoir, ce fait peut se

répéter plusieurs soirs de suite, quand un homme, enfin, se décide à l'inviter, au dessert le garçon présente tranquillement au *miché* les notes accumulées de la dame, avec la sienne ce qui donne lieu à ce phénomène : une cotelette, un légume, un fromage, une bouteille, total : 65 francs !

Il y en a qui protestent, mais le garçon d'une voix mielleuse leur répond : Madame est si aimable ! alors ils payent, non sans trouver la pilule un peu amère.

Chaque fois qu'un homme va au lavabo, il se produit dans la salle un mouvement de remous, très curieux, simultanément les filles se lèvent et se dirigent, en manœuvrant savamment vers le même endroit, là, elles font au monsieur les propositions les plus cyniques, et, j'ajouterai quoiqu'elles ne parlent pas argot, que la conversation n'est pas plus propre, il serait même impossible d'en rapporter un fragment, ce qui contraste étrangement avec le ton qu'elles affectent et les noms dont elles s'affublent, car, ces dames portent le DE avec une désinvolture admirable : Blanche *de* Nevers, Rosalie *de* Montlignon, Joséphine *de* Chevreuse, Agathe *de* Beaupré, Louise *de* Beaufort. Ce serait curieux de faire l'armorial de cette noblesse de fantaisie, un homme aurait pu accomplir cette tâche, c'était Bosco, le commissionnaire bien connu de la *Maison-Dorée*, mort récemment, il connaissait ce « tout Paris » là sur le bout du doigt et il suffisait qu'un garçon lui exprima le désir qu'avait un client d'avoir une femme pour qu'aussitôt il partît la chercher, poids, taille, couleur, grosseur, il en avait la collection complète dans la mémoire.

Autrefois, c'est-à-dire de 1860 à 1875, les filles habituées des restaurants de nuit étaient fort embarrassées pour discuter avec les anglais, les conditions d'hospitalité d'une nuit, un industriel intelligent avait fait imprimer d'élégants agendas, sur la première feuille duquel était imprimé, le petit dialogue suivant :

Je vous aime.	*I love you.*
Que dites-vous ?	*Wat do you say ?*
Bonjour, Monsieur.	*Good morning, Sir.*
Où demeurez-vous ?	*Where do you live ?*
Que voulez-vous me donner ?	*What will you give ?*
La nuit ?	*The night ?*
Une heure ?	*One hour ?*
Aujourd'hui.	*To-day.*
Or.	*Gold.*
Beau.	*Fine.*
Mauvais.	*Bad.*
Chaud.	*Warm.*
Froid.	*Cold.*
Vingt francs.	*Twenty.*
Quarante francs.	*Forty.*
Voiture.	*Carriage.*

Aujourd'hui ces dames n'ont plus besoin de cela, les interprètes des hôtels, des garçons complaisants leur servent d'intermédiaires, moyennant une commission, elles préféreraient la payer

en nature, mais ce n'est pas l'usage, elle se paye
en espèces.

Certains de ces interprètes qui sont considérés
(sans doute qu'on ignore leur métier) ont les
adresses de toutes les femmes de Paris, ils se rendent à domicile et marchandent pour le compte de
leurs clients, c'est généralement pendant les expositions, où Paris abrite un grand nombre d'étrangers, que ce commerce est florissant.

Il existe des établissements d'un ordre moins
relevé, mais ils sont fréquentés par les mêmes
filles, il arrive souvent que l'une d'elle disparaît
quelque temps, un mois, deux mois au plus, elle
revient généralement calée, l'explication de cette
éclipse momentanée est des plus simples : elle
était allée faire une *saison* dans une maison de
tolérance de Paris ou de province.

Ces établissements sont peu nombreux, encore
trop.

Au *café Garein* et *aux Princes*, les filles se
tiennent en permanence, elles ne circulent pas
dans le café, elles sont séparées des consommateurs par une galerie vitrée derrière laquelle elle
se tiennent, comme les cadavres à la morgue, les
clients en quête d'une bonne fortune, à prix fixe
n'ont qu'à leur faire sigue, celle qui est désignée
accourt ; et la cote s'établit, suivant les jours, elle
varie, de cinq à vingt francs, ce n'est pas cher ;

quelquefois le dîner est en plus, mais elles ne sont pas exigeantes.

Au *café du Gaulois* ce n'est pas aussi propre, à partir de deux heures du matin il y a du *trépe* (1), Loynel en a fait ainsi le tableau :

Faut pas blaguer le trépe est Bath
Dans c'taudion, i s'trouve des rupins
Si queuq' s'gonziers train'ent la savate
J'en ai r'bouisé qu'ont des escarpins

A la *Brasserie Moderne*, connue dans le monde entier, c'est un public spécial, on y trouve depuis la débutante, bonne crasseuse, qui a encore les mains gercées par l'eau de vaisselle, jusqu'à la vieille bordelaise, bossue, sans cheveux ni dents, comme Jeanneton qui n'a ni fesses ni tétons et qui exerce depuis *cinquante-cinq ans* : elle en a *soixante-douze !*

La salle est longue, garnie de tables de chaque côté, en attendant les *michés*, les filles jouent aux cartes en fumant ; sur le coup de deux heures du matin, la fête bat son plein, les discussions sont plus animés, car c'est l'heure où l'établissement va fermer, et les filles qui ne veulent pas coucher seules par nécessité d'argent se promènent fièvreusement en quête d'un homme.

---

(1) *Trépe* signifie *clientèle* et non FOULE, comme le dit l'auteur du *Gibier de Saint-Lazare* d'après les divers dictionnaires d'argot

Pendant la soirée, elles vont, elles viennent, elles font la navette du faubourg Montmartre, au boulevard, quand dans leur voyage elles n'ont rien trouvé, elle reviennent à la brasserie espérant être plus heureuses, elles errent autour des tables et s'arrêtent quand elles voient des hommes seuls, la conversation est toujours la même, c'est le refrain d'une sempiternelle chanson :

— Mon p'tit homme paye-moi un bock.

L'homme regarde la femme si elle ne lui plaît pas, il ne répond rien, alors elle insiste. Ah ! elles sont tenaces, même silence de l'homme, elle reprend :

— Donne-moi une cigarette.

L'homme impatienté, lui jette une pincée de tabac à fumer comme un os à un chien, elle ne se décourage pas, elle va à un autre, quand elle plaît à un homme il la fait asseoir et elle lui propose sa viande.

Ce n'est pas long à débattre car elle est accommodante, en vertu de ce principe, qu'elle avoue d'ailleurs cyniquement.

— J'aime mieux faire dans ma soirée quatre hommes à cent sous que de chercher à en faire un seul à vingt francs et de le rater.

Si l'homme accepte, ce qui est fréquent, car la plupart des clients ne viennent à la Brasserie moderne que dans ce but, ils partent tout d'eux dans un hôtel du voisinage qui a une *chambre de passe.*

Au fond de la salle un groupe d'hommes est assis jouant aux cartes, aussitôt que la femme est partie l'un d'eux qui est toujours aux aguets dit tout bas :
— *allume* (1) Léon, la *marmite* est *débinée* avec un *type.*

C'est le groupe des souteneurs.

A cet appel Léon, lâche les cartes, et fixe ses regards sur la porte d'entrée, c'est une sentinelle clairvoyante.

Aussitôt qu'il voit revenir la femme, ce n'est pas long, une demi-heure, au plus, il attend quelques minutes, si elle ne vient pas il se lève et va lui demander, combien elle a eu, et sa part, la femme rechigne mais elle paye, le plus souvent, le maquereau n'a pas besoin de se déranger la femme vient, d'elle-même, par vanité, pour épater les autres souteneurs, elle dit qu'elle a eu un louis, alors le souteneur tend la main, car les comptes se règlent tout de suite, et elle pourrait dépenser son argent pour apaiser son *amie* qui la regarde avec des yeux furibonds de ce qu'elle lui a fait une in-fidélité, une *queue* comme elle dit.

(1) *Allume,* regarde, attention, *marmite,* femme, *débinée,* partie, *type,* homme, *queue,* infidélité, *fade,* part, *chargé,* trouve un homme, *crêp r le chignon,* se battre.

12

Le souteneur reçoit son *fade* et la partie recommence, jusqu'à ce que la femme de l'un d'eux *charge*.

Il arrive souvent, jamais dans l'établissement, car je le répète le patron est un homme sévère qui ne plaisante pas, que des rivalités de femme amènent des querelles, les femmes sortent pour se *créper le chignon*, les souteneurs sortent également et quelquefois prennent parti pour leur *marmite*, alors cela devient une mêlée générale qui se termine par une nuit au poste.

Aucune fille habituée de cette brasserie n'est devenue célèbre dans le monde des filles à l'exception toutefois de *Finette* qui importa le cancan en Angleterre, comme notre danse nationale.

J'ai assisté une fois à un épisode navrant qui justifie amplement le proverbe ; putain mais bon cœur.

Une fille nommée Nana, très jolie, spirituelle, ce qui est fort rare, était chaque semaine, à jour fixé, emmenée par un homme, avec qui elle allait passer une demi heure dans un hôtel de la rue Geoffroy-Marie, un soir au moment où elle descendait avec son client, elle vit sur le trottoir, une pauvre femme avec trois petits enfants, la femme s'avança vers elle et lui dit en désignant l'homme :

— Cet homme est mon mari, les petits n'ont

pas mangé, moi, ça m'est indifférent, il a pris les derniers quinze francs qu'il y avait chez nous pour sortir, je ne vous souhaite pas mademoiselle de vous trouver en pareil cas.

Nana ne répondit pas, mais elle fouilla dans sa poche et dit à la malheureuse.

— Tenez madame, voilà les quinze francs que ce sale cochon m'a donné, foutez-le donc à la porte.

Depuis ce jour, et voilà deux ans, Nana, toutes les semaines, va porter un secours à la pauvre femme qui vit seule.

C'est consolant d'avoir à raconter une semblable anecdote au milieu de tant de pourritures !

Il existe encore des brasseries du genre de la moderne, mais elles n'ont pas de réputation, on les connait dans le public sous le nom : *de vacheries*, jamais une épithète ne fut plus justement appliquée.

Quant on entre dans une maison de tolérance, on est fixé, ce n'est pas pour y rencontrer des rosières, on en serait bien fâché, il ne peut y avoir surprise ! les carreaux brouillés, les lanternes grillées, le gros numéro qui apparaît lumineux, et brille de loin, comme un phare, non pour dire : ici il y a un écueil, mais ici on s'amuse, ou si, comme dans un quartier du centre, rien ne distingue la maison, c'est volontairement qu'on y vient,

en connaissance de cause, soit pour y boire, soit
pour un autre motif qui s'inscrit au chapitre des
dépenses sous cette rubrique : on n'est pas de bois,
vingt francs ! il n'y a pas atteinte à la morale,
chacun a le droit d'agir à sa guise et d'être de
l'avis du duc de Richelieu à qui on reprochait
d'avoir l'habitude de prendre ses maîtresses dans
le ruisseau et qui répondait à son censeur : *Mais les
femmes n'ont pas de rang, mon cher !* Mais il est
des maisons ouvertes à tous, qui ont l'apparence
de maisons honnêtes, qui n'ont aucun signe dis-
tinctif et dans lesquelles on peut pénétrer par
erreur, qui pourtant sont cent fois plus sales et
plus ignobles que les maisons tolérées, je veux
parler de ces brasseries soi-disant littéraires où
la prostitution et l'obscénité s'étalent et fleurissent
comme des champignons vénéneux au milieu d'un
tas de fumier.

Ces brasseries sont en assez grand nombre, et,
je veux croire que, si l'autorité les tolère, elle a des
raisons pour cela; les filles qui vont là, jouent le rôle
du lard dans une souricière.

Je ne parle pas des *brasseries à femmes*, je parle
de ces cafés où l'homme le plus honnête peut se
fourvoyer en compagnie des siens.

Il y a quelques mois, j'entrai par hasard dans
une de ces maisons situés entre l'Église (Notre-
Dame-de-Lorette), et la place Saint-Georges. Dans

la salle il n'y avait personne, je vis sur une pancarte accrochée à l'angle du comptoir, ces mots
qui ne peuvent être qu'une ironie : *salle réservée,*
je pensais. si cette *salle est réservée,* c'est sans
doute pour une soirée de famille, je demandais si
on pouvait descendre,hélas ! j'aurais pu demander
le contraire, le patron me répondit : oui, en même
temps que moi descendait une famille avec un col-
légien ; je traversai un décor en carton qui rappe-
lait la Suisse comme l'odeur du fromage de Géromé
rappelle celui de la rose, après avoir descendu
quelques marches, j'entendis un brouhaha confus
et une odeur âcre me saisit à la gorge, une petite
porte s'ouvrit, je ne distinguais rien, un nuage de
fumée, opaque, obscurcissait les becs de gaz qui
brulaient avec peine, autour des tables, pressées
comme des harengs dans un tonneau, des femmes
en toilette excentrique, pour qui sans doute
M. Albert Wolff écrivait ce dialogue en 1865 :

— Veux-tu souper ?

— Pas avec toi, s'écriait la femme, tu sens l'ail.

— Ça ne t'arrivera jamais ; on n'en met pas dans
le veau.

Elles étaient accompagnées d'hommes, jeunes
pour la plupart, des calicots et des clercs de notaire
en rupture d'études

C'était un tapage infernal.

Tout à coup on réclama le silence, et un peti

monsieur qui ressemblait au grand Napoléon par la redingote grise s'avança près du piano, car il y a un piano, on y fait de la pornographie en musique, c'est un progrès, sans doute, en vertu du proverbe, ce qu'on ne peut pas dire, on le chante, il entonna une chanson, dont j'ignore le titre, mais dont le refrain, que les clients chantaient en chœur est à peu près celui-ci :

Les femmes mariées ça se lave pas le c ....ou

Je restais ahuri, et demandais à mon voisin qui était ce jeune homme assurément plein d'avenir ? Il me répondit : C'est un étudiant en droit qui apprend son code dans Piron, il vient ici préparer ses examens ; comment se nomme-t-il, demandai-je à mon interlocuteur ; je l'ignore, me fit-il, mais son nom de guerre est l'anagramme de fourneaux !

C'était sans doute une plaisanterie ; mais ce qui n'en était pas une, c'était dans un établissement public de tolérer de pareilles ordures.

Je n'insiste pas.

A une centaine de mètres c'est une autre histoire nous trouvons une brasserie, la brasserie Fontaine, la prostitution s'y étale impunément, et le raccrochage s'y exerce sur une grande échelle, j'y ai vu un jour une noce ; on voit d'ici les plaisanteries salées échangées entre les filles au sujet de la mariée et de sa fleur d'oranger :

— Dis donc, Nini, demande donc à la mariée si elle nous paie un bock?

— Pourquoi pas? le vieux qu'est à côté, son beau-père, sans doute, a été mon premier amant.

Et elles se mirent à chanter un air de *la Mascotte.*

Si tous les patrons de ces maisons agissaient comme le gentilhomme cabaretier du *Chat Noir* un vrai cabaret littéraire celui-là, Rodolphe Salis (ce n'est pas une comparaison) les femmes n'infesteraient pas leurs établissements.

Quand des femmes viennent seules, avec des égards infinis on leur fait entendre qu'on ne peut les servir; je m'étonne qu'un industriel intelligent n'ait pas songé à inventer *l'homme de compagnie* peut-être un jour Salis le fera-t-il, il ne faut jurer de rien avec lui, ce sera une situation pour les littérateurs sans ouvrage.

(1) Je ne fais aucune difficulté pour reconnaître que j'ai été mal renseigné sur la personnalité du chanteur des *Loches noires,* M Fourneau, est un jeune avocat qui rêve d'autres lauriers et ne cherche pas une célébrité hâtive dans la pornographie.

X

On a vu dans un chapitre précédent la statistique
des *Brasseries de filles*, elles commencèrent à s'an-
noncer sous le nom de *Caboulot*, vers 1860, M. Boit-
telle alors préfet de police, rendit une ordonnance
le 19 septembre 1861, qui réglementait ces établissements, mais peu à peu elle tomba en désuétude
et les brasseries de femmes ne firent qu'augmenter.

La loi du 17 juillet 1880 qui abroge le décret du
29 décembre 1854, qui rendit la liberté au commerce des liquides, les débitants pouvant employer
le personnel qui leur convient, les brasseries à
femmes ne peuvent être fermées.

Il suffit pour ouvrir une brasserie d'adresser

quinze jours à l'avance, une déclaration à l'autorité locale.

Il existe cependant un arrêt de la Cour de cassation, en date du 21 juillet 1882 qui consacre les lois des 16 et 24 août 1790, lesquelles disent que *l'autorité municipale est chargée du bon ordre dans les cafés et autres lieux publics de Paris.*

Cet arrêt remet entre les mains du préfet de police l'autorité nécessaire pour réprimer la prostitution dans les brasseries et dans les cafés.

Pourquoi ce fonctionnaire n'applique-t-il pas la loi?

Quelles considérations peuvent donc l'arrêter?

Mais si on supprimait ces bordels sans gros numéros, nids à maladies syphilitiques qui infectent toute la génération jeune tout le monde applaudirait.

En dehors de l'immoralité de ces boîtes, vrais fournisseurs des spécialistes dont les noms s'étalent dans toutes les pissotières, il y a une grave question une commission composée de MM. Ricord, Le Roy de Menicourt, Léon Lefort et Léon Colin fut chargée de l'étudier, le 7 juin 1887 M. Alfred Fournier, lut en leurs noms, à l'Académie de médecine, un remarquable rapport, dont voici un extrait :

« Inconnus encore il y a quelques années, les établissements de ce genre (les brasseries) sont devenus on peut le dire la peste de nos jours. Répandus un peu partout, ils abondent surtout dans les quartiers d'affaires ou d'études, c'est-à-dire là où ils ont la chance de recruter une clientèle de jeunes gens. On n'en comptait pas moins de 180 à Paris en 1882 et depuis lors ils se sont singulièrement multipliés.

« Ce qui se passe dans ces établissements, chacun le sait, ou le devine ; mais ce qu'on ne sait pas assez, c'est qu'il en sort un nombre considérable de contagions syphilitiques. Tous les membres de votre Commission ont été unanimes pour déposer qu'ils avaient à leur connaissance maints exemples de syphilis contractées par des jeunes gens, notamment par des étudiants au contact des filles de brasseries.

« Et comment en serait-il autrement? Car ces maisons (pour un certain nombre tout au moins) ne sont que des maisons de prostitutions déguisées et des maisons à prostituées libres. J'entends non surveillées.

« Or, ce qui fait précisément le danger de ces maisons, c'est qu'on y trouve la provocation avec ce qui s'ensuit, sous le couvert d'une enseigne honnête, alors même parfois qu'on ne songerait pas à l'y chercher. Et comme la provocation s'y exerce par des filles libres, je le répète, c'est à dire par des filles non soumises à la surveillance médicale, il résulte de là qu'à double titre ces maisons sont infiniment plus dangereuses que les maisons publiques. Ainsi que le disait M. Le Roy de Meni-court au sein de votre Commission, « l'ancienne maison publique avait au moins l'honnêteté de l'enseigne. Pas de surprise avec elle. On savait quand on en franchissait le seuil ce qu'on allait y trouver. Aussi, n'y allait-on guère que de nuit, à l'abri d'une ombre propice. Aujourd'hui les mœurs ont changé, des maisons de prostitution s'ouvrent sous l'enseigne de brasseries, on y va en plein jour, la tête haute, on ne s'y cache pas pour y entrer, et pourquoi se cacherait-on? N'est-ce pas une brasserie? Et depuis quand n'est-il plus permis de se désaltérer?

« Eh bien, ces brasseries font le désespoir des familles, non moins que les délices des échappés de collège. Pourquoi les délices de ceux-ci? On le devine. Pourquoi le désespoir et la terreur de celles-là? Parce que leurs fils trouvent dans ces maisons les trois fléaux de la société actuelle, c'est-à-dire la *flânerie*, l'imbécile et énerveuse flânerie, l'*alcoolisme* et la *vérole*. »

Si Messieurs les membres de la Commission de l'Académie avaient eu connaissance de l'admirable prospectus suivant, œuvre d'un philantrope, assurément, au point de vue de la maladie dont ils déplorent l'invasion et la propagation, ils ne s'alarmeraient pas tant

13

MAISON FONDÉE EN 1876
Plus de 100.000 Correspondants

Monsieur,

Depuis longtemps déjà, la science a prouvé la contagion terrible des maladies secrètes provenant de rapports sexuels avec une personne malade.

Que de jeunes gens, surtout dans nos grandes villes, où la débauche est si grande et le plaisir si facile, sont victimes de leur imprudence ! C'est avec une confiance aveugle et sans réflexion, qu'ils vont où le plaisir les appelle, et d'où, le plus souvent, ils sortent avec le germe d'un mal qui en font des vieillards avant trente ans et les frappera même dans leurs enfants, si toutefois ils peuvent en avoir.

C'est donc une plaie sociale qui, souvent, ne peut se guérir, mais contre laquelle il faut surtout se prémunir.

C'est donc dans ce but et en croyant rendre un véritable service que j'ai l'honneur de vous informer que, pour se préserver complètement de cette terrible maladie et sans porter atteinte au plaisir où nous convie la nature, je tiens à votre disposition des **Préservatifs** en caoutchouc bien préférables à ceux en baudruche par leur qualité et leur facilité à s'en servir, et surtout sans odeur ni déchirure, au prix de 2 fr. 50 la boîte d'une douzaine.

EXPÉDITION : Ficelée et recommandée, *franco*; cachetée et recommandée, 25 c. en plus par douzaine.

Envol contre mandat ou timbres-poste.

Sur demande, à titre d'échantillon, j'envoie, sous pli cacheté, trois **Préservatifs** contre 1 franc en timbres-postes.

Chaque demande est toujours expédiée franco par retour du courrier, en boîte ficelée et recommandée pour éviter les indiscrétions et les interprétations malveillantes, et poste restante pour les personnes qui désireraient ne pas recevoir à domicile.

EMBALLAGE DE FANTAISIE

Paquets de cigarettes, imitant celles à fumer, la douzaine.................	**2 75**
Cahiers de papier à cigarettes GOUDRON, la douzaine.................	**2 75**
Boîtes d'allumettes, poses académiques, la douzaine.................	**2 75**
Boîtes Londrès Colorado la douzaine.....	**3 ..**
Jolies bonbonnières garnies de 12 pralines !!! la douzaine.................	**3 ..**

Ces articles peuvent servir à se distraire en société tout en étant utiles.

Demandez le N° de grosseur que vous désirez recevoir.

N° 1
N° 2
N° 3

N. B. — Pour éviter les erreurs d'expéditions, écrire bien lisiblement votre adresse.

Les patrons de brasseries, s'ils le connaissaient
également, offriraient à leur clientèle un de ses
produits; ce serait pittoresque d'entendre crier :
Un bock à l'as, avec préservatif !

Ce n'est pas au point de vue de la « vérole »,
comme le dit le rapport cité plus haut, que la
brasserie à femmes est une chose immonde; elle
développe d'autres vices plus odieux, car la plupart de ces brasseries ne sont pas des *brasseries
à femmes pour hommes*, mais des *brasseries à
femmes pour femmes*; la *gougnotte*, la *gousse*, y
pullulent; il suffit d'y pénétrer une seule fois
pour en sortir écœuré, dégoûté de la femme pour
longtemps.

En voyant ces ménages, le cœur se soulève.

L'une est généralement jeune, c'est la femme;
l'autre, plus vieille, quelquefois très vieille, est
l'homme; elles sont parfois jeunes toutes deux;
en ce cas, la femme-homme est brune, elle a les
cheveux coupés ras, elle est habillée d'une sorte
de casaque qui simule une jaquette, son col de
chemise est coupé droit, elle porte une cravate
bleu-tendre ou rouge suivant son teint, une rose
ou un bouquet de violettes à la boutonnière complète le costume; vue assise, on jurerait un ado-
lescent; la femme-femme est blonde; mise comme
tout le monde, rien ne la distingue.

Elles jouent aux cartes toute la soirée, au

rhams, de préférence, parce qu'elles sont plus
près l'une de l'autre, qu'elles peuvent se *faire du
genou* sous la table; elles se regardent amoureusement, languissamment, s'embrassant de temps.
en temps; personne ne s'en émeut, c'est passé
dans les mœurs des gens de brasseries. On m'a
affirmé qu'elles allaient en ville donner des représentations aux vieux débauchés, amateurs de
spectacles friands, pour eux, et que la baronne
d'Ange gagnait beaucoup d'argent avec ces
voyeus; je n'ose y croire.

Le 15 octobre 1886, mourait à Paris, la propriétaire de la brasserie *Fædora*; ce fut la plus
célèbre maîtresse de brasseries, son existence for-
merait un curieux roman.

Née à Paris, il y a quarante-huit ans, fille na'u-
relle, elle fut admise toute jeune dans un orpheli-
nat des environs de Nevers. Elle y resta jusqu'à
l'âge de quinze ans. Un beau matin, impatiente
de liberté, elle s'échappa et commença la vie
galante avec le premier amant qui voulut la
prendre.

Cela dura quelque temps. Puis Clémence vint
échouer dans une maison mal famée de Dijon.
Quand la patronne de cette maison eut assez
d'elle, elle la céda à une collègue et ainsi de
suite.

C'est dans ces conditions que le comte de la

F... la rencontra à Mâcon. Il s'éprit d'elle, la mit dans ses meubles et finit par 'déclarer à son père qu'il voulait l'épouser. Le père, naturellement, s'opposa à ce mariage insensé et les deux amants se contentèrent. de procéder à des fiançailles solennelles à Notre-Dame-de-Fourvières, à Lyon.

Quelques mois se passent ainsi, mais la vie tranquille pesait à la folle Clémence. Elle lâcha le comte, quitta Lyon et se mit chanteuse de café-concert. On la voit à Marseille, à Villefranche, à Aix, en Espagne, à Alger enfin où elle fait un début à tapage. Un jeune officier de spahis l'emmène souper et elle part avec lui pour Laghouat, où elle donne, sur les confins du désert, des représentations dramatiques et lyriques.

La guerre de 1870 survient. L'officier de spahis part pour la frontière et est tué à Sedan. Clémence, restée en Afrique, à Boghar, où elle gère un bureau de tabac, se console de cette mort avec un employé du bureau arabe qui remplace le spahi.

Cet employé, nommé A... S..., est tellement séduit par elle qu'il l'épouse. Ils s'en vont ensemble à Londres, où elle fonde un atelier de couture. Les affaires ne marchent pas. Mais, en revanche, la conduite de la jeune femme est telle que son mari est obligé de s'en débarrasser.

Clémence revient à Paris. Elle retrouve le

comte de la F... Elle lui explique à sa façon les
motifs de son abandon. Il se laisse reprendre, et,
comme il est libre, cette fois il l'épouse !...

La fortune du comte ne dure pas longtemps.
Avec ce qui en reste, la comtesse achète la brasserie du *Tir-Cujas*, plus pittoresquement désignée
dans le quartier sous le nom de *Tir-cul*. Là, la
comtesse en prend à son aise. Elle joue absolument à la *Madame Grégoire*, admettant tous ceux
qui lui plaisent au « bon souper, bon gite et le
reste. » Le comte se désespère. Mais on lui
impose silence. A la fin, il apprend le premier
mariage de sa femme et un procès a lieu.

Clémence fut acquittée ; elle continua de plus
en plus sa vie folle, achetant des brasseries, les
revendant ou les abandonnant pour en fonder
d'autres, si bien qu'à la fin, de propriétaire elle
n'était plus que gérante de la brasserie *Fedora*,
47, rue de la Harpe.

C'est là qu'elle s'est donné la mort, non à
cause de ses embarras financiers, comme on l'a
dit, mais par *désespoir d'amour* !...

Si toutes ses pareilles se suicidaient, la France
n'en porterait pas le deuil ; malheureusement,
chaque jour voit se créer de nouvelles brasseries,
et si cela continue, Paris ne sera plus qu'une
immense brasserie.

XI

La police des mœurs fut rattachée à la police
de sûreté en 1879; en 1885 la police de sûreté
ayant été rattachée au cabinet du préfet de police,
elle n'a plus rien à voir avec la police municipale,
elle se compose d'un inspecteur principal, d'un
brigadier, de q intre sous-brigadiers et de soixante-
quinze inspecteurs.

La brigade est divisée en trois sections.

La première surveille le quartier Clichy, les
grands boulevards et les Champs-Élysées ;

13.

La seconde opère dans le fauoourg Saint-Martin, sur la place du Trône ;

La troisième sur la rive gauche, Grenelle, boulevard Saint-Michel et autres quartiers ;

Une division par *lots* a été instituée, Paris est fractionné en *dix lots*, la banlieue en constitue un seul.

La mission des agents des mœurs est de surveiller les prostituées et les bouges où se réunissent les femmes et les souteneurs, ils visitent aussi les maisons de tolérance.

Lorsque les commissaires de police délégués par les préfets doivent faire une ronde de nuit, ils demandent des agents du service des mœurs au chef de la sûreté.

Autrefois les agents recevaient une prime pour la recherche des filles publiques *disparues*, elle était de 3 francs ; un règlement de 1830 allouait une prime de 15 francs à tout inspecteur qui faisait connaître un lieu clandestin de débauche ; s'il s'agissait d'une maison où l'on favorisait plus particulièrement la débauche des mineurs la prime était portée à 25 francs.

Beaucoup de plaintes s'élevèrent contre ce système, les agents créaient des délits pour obtenir les primes, ils provoquaient ou faisaient provoquer le fait de racolage qu'ils devaient réprimer, le

1ᵉʳ avril 1863, l'Administration abandonna le système des primes.

Les agents des mœurs en voient de drôles ;
journellement ils accompagnent les commissaires
de police lorsqu'ils opèrent des descentes.

Il n'y a pas longtemps ils en firent une au
numéro 6, de la rue d'Alayrac, cet appartement
était loué par une femme nommée Euphémie, une
prostituée de vieille date qui avait déjà subi une
quinzaine de condamnations pour outrages publics
à la pudeur, attentats aux mœurs, excitation de
mineurs à la débauche, tout le tremblement, quoi.

Dès le début de sa nouvelle exploitation,
Euphémie s'était adjointe une jeune fille nommée
Marie R... et deux jeunes gens, l'un nommé
Jacques Durant, âgé de dix-huit ans, surnommé
la *petite Louise*, l'autre nommé Léon Norbert.
âgé de dix-sept ans, qui répondait au nom assez
affriolant de la *petite Reine*.

Un magnifique chien danois complétait le personnel de l'établissement.

La maison était richement achalandé, la majeure
partie de la clientèle appartenait au haut commerce et à la grande banque.

Elle exploitait en grand les *voyeurs*, lorsque le
commissaire se présenta dans le salon, il constata le
flagrant délit d'excitation de mineures à la débauche,
par une des nombreuses ouvertures, habilement pra-

tiquées dans les panneaux des portes et dans les cloisons, deux messieurs d'un certain âge se trouvaient là et contemplaient un tableau qui était la reproduction exacte du groupe de Guérard, seulement il y avait en plus le chien danois.

En argot de barrière cet exercice s'appelle : boulotter un Grippard (cette expression imagée ne figure pas dans le dictionnaire de l'Académie).

Ces messieurs furent invités à se retirer, ce qu'ils firent, non sans marronner, la séance ne faisait que de commencer, et ils avaient payés pour la voir complète.

Le commissaire indiscret, on n'a pas idée de ça, pratiqua une perquisition dans l'appartement et découvrit une foule d'objets étranges !

Des masques habilements peints.

Des perruques de toutes couleurs.

Des costumes féminins, dont une robe qui avait été payée 1,700 francs dans un grand magasin de nouveautés; c'était la toilette ordinaire de Norbert, de la *petite Reine*, quand venait un riche financier bien connu pour ses erreurs de grammaire.

Il y avait aussi des corsets de satin—cerise de tailles différentes.

Et enfin un bidet en argent, avec cette devise gravée au fond : laissez venir à moi les petits enfants

Euphémie était une femme d'ordre, de beaucoup trop d'ordre ; dans un chiffonnier, on saisit un carnet qui prouva qu'elle avait sous ses ordres deux individus qui racolaient dans les bals publics les jeunes filles mineures, qui étaient ensuite expédiées dans les maisons de tolérance de province.

Les perruques on en comprend la raison, elles servaient à transformer, au goût de l'amateur, une brune en blonde et *vice-versâ.*

Mais les corsets en satin-cerise, ce n'était pour le chien, sans doute?

Mais les masques ?

L'explication est assez délicate, ma foi, tant pis, allons-y.

Quant un monsieur voulait conjuguer le verbe *Germinyser,* il venait chez Euphémie, là il trouvait la *petite Reine* et la *petite Louise,* c'était bien, mais ils auraient pu être reconnu.

On se souvient de l'histoire navrante de ce vieux professeur très estimé au Palais de Justice, c'était un savant éminent qui, depuis près de cinquante ans était exploité par une bande de *chanteurs* qui lui extorquaient de l'argent en le menaçant de révéler qu'il avait des vices contre nature. Une première fois, de crainte d'un scandale, et pensant être débarrassé de ces gredins, le malheureux avait payé; alors trouvant la dupe faible, ils étaient revenus à la charge.

Une particularité curieuse est à noter, les premiers *chanteurs* étaient morts, mais ils avaient légués leur *vache à lait* à des confrères; à chaque trimestre le pauvre professeur entendait retentir un coup de sonnette, c'étaient les coquins qui venaient toucher leur rente

Il paya ainsi plus de 300,000 francs!

Cette anecdote fait comprendre l'utilité du masque.

Il y eut, et il en existe encore, des *Tapettes* célèbres, il y a quelques années on rencontrait souvent rue Montmartre, de cinq à six heures du soir, un homme grand, mince, sec, toujours très proprement vêtu d'une longue blouse bleue, plissée, serrée à la taille par une ceinture en tapisserie, une chemise très blanche à col rabattu, largement écranchée découvrait son cou; complètement imberbe, il avait, en revanche, des cheveux noirs très longs, admirablement entretenus, il poussait devant lui une petite voiture en acajou, très coquettement tapissée avec du papier de différentes couleurs, qui formait un certain nombre de cases, ces cases étaient pleines de marrons glacés, de pastilles, de dragées, de fondants, de rebuts, toute une confiserie ambulante, au centre de l'étalage la nuit venue, brûlaient deux lampes en vieux Rouen, dont la lueur attiraient les passant

C'était *Marie-Stuart,* il était entretenu par un grand personnage, qui lui fournissait l'argent nécessaire à son existence, il lui donnait cent francs à la fois, mais il devait, pour satisfaire une fantaisie de son protecteur, les encaisser sans mettre les mains. Ce problème, pour *Marie-Stuart* n'était pas difficile à résoudre, son *amant* mettait sur une table, une pile de vingt pièces de cent sous, *Marie-Stuart* ôtait son pantalon, s'asseyait sur la pile, et il.... aspirait toutes les pièces.

Marie-Stuart avait pour amant de cœur un pâtissier, établi rue Richelieu, on le connaissait sous le nom d'*Instar de Lyon,* on l'appelait familièrement l'*Instar.*

L'instar confiait sa boutique à un garçon, puis il partait avec un panier proprement couvert d'un linge de mousseline, lui-même était vêtu des pieds à la tête en piqué, d'une blancheur immaculée, il parcourait les rues en criant : *Instar de Lyon, Instar de Lyon !*

Il était horriblement grêlé, sans être laid, mais sa figure avait quelque chose d'agréable.

L'Instar avait des passions terribles, il s'éprit un jour d'un peintre aujourd'hui célèbre, il en perdait le boire et le manger, il suivait le malheureux peintre partout, quêtant un regard, un sourire, un mot, le peintre impatienté lui donna rendez-vous, dans un cabinet particulier, chez un marchand de vin des environs des Halles, il avait prévenu ses amis et il invita *Marie-Stuart*.

A l'heure fixée arriva *l'Instar* coquettement habillé, quand il vit *son* peintre en compagnie de *Marie-Stuart*, la colère le prit :

— Qu'est-ce que tu fous ici salope, j'ai envie de te foutre mon pied dans le cul, mais il y resterait.

— Vieille chatte, ripostait *Marie-Stuart*, t'es trop grêlé, y ne voudra pas de toi !

— Hirondelle de prison, hurlait l'*Instar*, nors de lui, si tu ne fermes pas ta boîte, je te ferai péter le maroquin.

— Tu ne voudrais pas abîmer mon fonds de commerce

Finalement on finit par les calmer, le peintre promit un rendez-vous à l'*Instar*, à condition que lui et *Marie-Stuart* donnerait une *séance* à ses amis.

Ce qui eut lieu !

Un autre pédéraste célèbre fut Saurin dit *la Grille*, on l'appelait le quarante-neuvième commissaire de police de la ville de Paris, il avait bien choisi son endroit, il habitait Allée des Veuves.

La réputation de Saurin comme pédéraste était universelle, il avait inventé un moyen pour gagner de l'argent et en même temps contenter ses passions, ce moyen consistait en ceci :

Il avait organisé une bande parmi laquelle il y
avait deux *Jésus.*

Jésus est un terme employé pour désigner un
jeune et beau garçon, il a généralement de quatorze à seize ans, et se promène de préférence au
Palais-Royal, Passage Jouffroy et aux Tuileries, i
fréquente également les restaurants de nuits du
boulevard ou il fait une concurrence sérieuse aux
filles.

Il est des plus faciles à reconnaître. Vêtu d'une
jaquette très courte, d'un pantalon collant, gris
clair, et porte une chemise très blanche, à large
col rabattu, laissant voir le cou, il est cravaté de
bleu clair, chaussé de souliers vernis et coiffé
d'une casquette à galons dorés.

Sa démarche particulière et ses yeux maquillés,
suffiraient à le désigner aux passants, mais il n'attend pas la pratique, il raccroche carrément, en
disant de sa voix flûtée ;

— Si monsieur voulait passer une demi-heure
avec moi, je suis très aimable.

Le passant s'arrête étonné, le *Jésus* reprend :

— Je vaux mieux que toutes ces vilaines filles
qui donnent de mauvaises maladies.

Et bien croirait-on que trois fois sur dix, au
moins, le passant par curiosité se laisse tenter !

A partir de ce jour-là il en EST et il n'aura qu'à
choisir dans les expressions suivantes : *Pédé,*

bique, bouc, coquine, pédéro, tante, tapette, corvette, frégate, rivette, Gosselin, emproseur. Emile, etc., etc.

Les deux *Jésus* de Saurin opéraient ainsi :

Un se faisait *lever* et entrait avec son *monsieur* dans un urinoir, après quelques instants, le temps d'établir le flagrant délit, des hommes de la bande remplissant le rôle d'agent des mœurs, se précipitaient et constataient la situation qui n'était pas niable, ils les arrêtaient et les emmenaient chez le commissaire de police.

Ce commissaire n'était autre que Saurin dit *la Grille.*

Un complice aux aguets, aussitôt qu'il apercevait le groupe, allumait à l'extérieur de la maison, ou le faux commissaire avait établi son bureau, une lanterne rouge qu'il éteignait aussitôt que le groupe avait pénétré sous la porte cochère.

Saurin siégeait dans la seconde pièce, il était en habit noir, cravaté de blanc et ceint de l'écharpe traditionnelle.

On introduisait la victime.

— Encore un de ces misérables! s'écriait Saurin d'un air indigné.

Puis il l'interrogeait.

Généralement le monsieur ne voulait pas dire son nom

— C'est bien asseyez-vous, lui disait doucement Saurin.

Les faux agents déposaient alors qu'ils avaient pris l'homme en flagrant délit, Saurin dressait son procès-verbal et ordonnait qu'on conduisît l'homme au dépôt de la Préfecture de Police. Puis il se retirait majestueusement.

Les faux agents insinuaient au bourgeois que le commissaire pourrait peut être se laisser fléchir, qu'il étoufferait volontiers l'affaire.

Le bourgeois saisissait avec empressement cette invite à cœur et offrait tout ce qu'il avait sur lui, argent et bijoux

On le mettait en liberté.

Quand les faux agents mettaient la main sur un *passif*, au lieu d'un *actif* après l'avoir dévalisé, au lieu de le renvoyer, on le faisait passer dans une pièce voisine et la bande se l'offrait à tour de rôle.

Le fait est rigoureusement exact, autant que celui-ci.

Les pédérastes ne sont pas des gens dégoûtés, une alcove discrète et parfumée ne leur est pas nécessaire, ils fréquentent volontiers les berges de la Seine, où se trouvent ces horribles latrines publiques, sales, puantes, rarement nettoyées des hommes les attendent en se promenant, et quand le prix est fait, ils entrent dans les cabinets qui

n'ont de particulier que leur odeur, si le proverbe
est vrai, que de marcher dedans cela porte
bonheur, ils doivent en avoir un rude, car ils y
enfoncent jusqu'à la cheville.

La plupart des *passifs* sont des garçons d'hôtel,
des garçons de bains et des garçons de cafés, sans
doute parce qu'ils ont l'habitude de servir.

Il existe à Paris, un ancien agent de change,
propriétaire de plusieurs maisons, dans l'un des
plus beaux quartiers de Paris, qui, lui, réunissait
tous les genres, il était des deux sexes, et désignait
sa passion par un euphémisme charmant: J'aime
à faire chapelet !

Il est connu de tous les *pédérastes* et de toutes
les *rivettes* de Paris. Il fréquentait le bal des
tantes où se trouvaient ses *amants* et ses *maîtresses*, tous partaient dans une chambre garnie, je
dis tous, deux et lui trois, ils commençaient par
le fouiller et lui voler tout ce qu'il avait, ils le faisaient déshabiller, et lui administraient une splendide rossée, puis la séance commençait.

Tout terminé, ils redescendaient tous trois,
alors, il sortait de sa poche une poignée de louis,
et leur disait :

— Vous n'avez pas pris ceux-là !

Il avait caché ses louis dans le même endroit
qui servait de coffre-fort à *Marie-Stuart*.

Cette terrible passion, inexplicable, a fait un

nomb.e incalculable de victimes. Me trouvant un
jour, dans un bureau de commissariat, je vis
amener un homme à l'air distingué, jeune, la
rosette d'officier de la Légion d'Honneur à la boutonnière, il avait été pris en flagrant délit dans
une allée de la rue Lamartine, avec un de ces sales
italiens qui infectaient Paris avec leur : Vive la
France, vive Garibaldi.

L'affaire n'eut pas de suite.

Il fut sauvé par sa femme, voici en quelle circonstance.

Elle était jeune, belle, aussitôt qu'elle apprit
l'aventure arrivée à son mari, elle s'empressa de
courir au ministère de l'Intérieur, trouver un
haut fonctionnaire qu'elle avait rencontré dans le
monde.

Elle exposa le motif de sa visite, et lui raconta
l'affaire en détail, le fonctionnaire galant la con-
sola, avoir une aussi jolie femme que vous, lui
dit-il, il est doublement criminel, malheureusement je ne puis rien, elle le pria, le suppiia tant et
tant, qu'il commença à s'attendrir, à son tour il
devint pressant, la dame se défendit, bref un
quart d'heure plus tard elle était si bien avec le
fonctionnaire qu'elle était assise sur son bureau.

Quelques jours se passèrent, elle ne recevait
pas de réponse, inquiète elle résolut d'aller trouver le ministre, celui-ci fut aussi tendre que le

fonctionnaire, elle insista pour avoir une lettre, je veux bien, lui dit-il, mais à une condition..........
vous n'avez pas besoin de lettre, lui dit-il séche-ment.

Vous avez le cachet du ministère.

La malheureuse s'était assise sur le timbre humide.

On se rappelle d'ailleurs, ce pauvre artiste des Variétés qui fut pris dans le même cas, l'italien avait déposé sa harpe dans le couloir un passant entrant la fit tomber, il vit alors le tableau.....

Il n'y a pas longtemps qu'un officier supérieur parent d'un haut personnage, fut pris en flagrant délit rue du Renard, l'affaire ne s'ébruita pas, on se contenta de le faire passer pour fou.

Il devait l'être en effet.

A l'Hôtel des Ventes, il se passe autre chose.

Il existe une bande parfaitement organi ée, une vraie bande de cochons dont un charcutier ne don-nerait pas un sou.

Voici comment ils opèrent.

Ils s'approchent des groupes formés par les visi-teurs qu' admirent les objets exposés dans les salles d'expositions, ils ont de longs paletots, la poche droite de leur paletot est sans doublure, la poche de leur pantalon est trouée, quand ils aper-çoivent une femme, — ils choisissent de préfé-rence les plus élégantes et les plus parfumées —

ils se frottent au long d'elle, légèrement, comme s'ils étaient poussés, après quelques secondes, ils s'en vont..... alors une âme charitable avertit la dame qu'un malotru a craché sur son manteau.

On fait souvent des rafles, mais ils reviennent toujours.

On se souvient d'un procès fait à un ancien ministre, accusé d'avoir commis un outrage public à la pudeur dans le jardin du Palais-Royal, je l'ai raconté tout au long dans *Paris-Police;* ce n'est pas un fait isolé, il y a des spécialistes en ce genre. Cette manie honteuse se nomme *faire chapelle,* c'est à la portée de toutes les bourses, pour quelques mois de prison on en est quitte.

L'homme a son pantalon ouvert et son paletot hermétiquement fermé, il s'arrête devant les magasins où travaillent des jeunes filles, plus elles sont jeunes, plus l'homme est content, il regarde à droite et à gauche, et quand il se voit seul, d'un geste rapide il déboutonne son paletot, en tenant les deux pans de chaque main..... les jeunes filles poussent un cri, et avant qu'elles ne sortent l'homme est déjà loin.

Il leur arrive parfois de recevoir une rude correction, mais à ce qu'il parait c'est une jouissance de plus pour eux !

Encore un autre genre de passion :

Deux femmes mariées se promenaient au Palais-Royal, lorsqu'elles rencontrèrent un anglais qui leur offrit des rafraîchissements qu'elles acceptèrent, plus ample connaissance faite, l'anglais leur proposa une promenade au bois, ils prirent un fiacre et les voilà partis, après avoir fait le tour du lac, ils revenaient par la porte Maillot, quand, arrivés à l'octroi, un gabelou, ouvrit brusquement la portière, il resta ahuri et ne songea même pas à la demande traditionnelle : — N'avez-vous rien à déclarer ?

Il appela un agent qui conduisit le trio au commissariat où ils furent interrogés, les deux femmes répondirent audacieusement : Nous faisions de la musique.

— Oui, je comprends, dit le commissaire, la *Marche Indienne* à quatre mains !

Il ne m'appartient pas d'analyser toutes ces passions qui sont assurément du ressort de la médecine légale, je ne suis qu'un observateur qui fait de son mieux pour raconter, sans exagération, des choses odieuses qu'il est bon que tous connaissent.

Mais les enfants dira-t-on, dans les mains de qui ce livre pourra tomber ?

Cette objection n'a rien de sérieux, ceux qui seraient tentés de la faire n'ont qu'à aller, le soir, à la sortie des écoles, principalement dans les endroits infestés de filles publiques et là, ils entendront ce que je n'oserais écrire.

Les enfants n'ont rien à apprendre.

XII

Les rafles. — Le panier à salade. — Les agents de mœurs.
— Une femme peu intéressante. — Bonne foi des
journaux. — L'affaire Eyben. — Une bonne charge de
M. Andrieux. — Le tour de Paris. — Conservatoire de
la prostitution. — Je suis pas une voleuse. — Le violon. — Ah ! quel bon canapé. — Ne changez pas les
draps. — Entre quatre chandelles. — Coupez-lui les
boutons. — Les maquereaux sur le sable.

Quand les rues et les boulevards sont trop en-
combrés par les filles, que les boutiquiers ou les
habitants d'un quartier se plaignent, la préfecture
de police ordonne des rafles, c'est généralement
l'officier de paix de l'arrondissement qui est
chargé de cette besogne, on lui adjoint quelques
agents des mœurs.

La rafle a lieu vers dix heures du soir, alors
que les filles sont en grand nombre, les sergents
de ville marchent sur les bas côtés de manière à
former la haie, la rue ou le boulevard est barré à
son extrémité, pour que les filles ne puissent pas
s'échapper, les agents des mœurs marchent au mi-

lieu, les arrêtant au fur et à mesure, puis elles sont conduites aux postes les plus voisins pour y attendre le passage du *panier à salade* qui doit les conduire au dépôt et delà à Saint-Lazare.

Ces rafles se font à l'improviste

Le lendemain les journaux ne manquent pas de tonner contre les « agents », la « rousse », les « vaches » qui ont mission de nettoyer la capitale, c'est un débordement d'injures les plus grossières contre la « police des mœurs. »

Le 24 juin 1887, une rafle avait lieu aux environs du boulevard de Strasbourg ; ce boulevard était tellement infesté qu'il était impossible à une mère de famille d'y promener ses enfants ou même d'y circuler seule, un journal du matin, terminait ainsi un long article : « pour essayer de faire disparaître ces honteuses expéditions, il faut profiter des circonstances favorables et impressionnantes. La dernière rafle opérée nous fournit une occasion propice. Les chasseurs de la brigade des mœurs, en faisant leur battue, l'avant dernière nuit, sur le boulevard de Strasbourg sont tombés sur une *pauvre femme mariée*, Madame Juliette Legault, habitant Versailles, qui revenait du théâtre avec sa sœur domiciliée à Paris. Epouvantées au passage de la razzia, les deux femmes furent violemment séparées. Madame Legault fit une chute en voulant s'échapper des mains de *ces inconnus* qu'aucu signe apparent ne permettait de reconnaître pour des agents de la loi, et que leurs allures, et leur manière de tomber sur les gens, le poing levé, faisait plutôt prendre pour des malfaiteurs. La malheureuse empoignée, brutalisée, s'évanouit. On la transporta au poste. Elle ne revint à elle que longtemps après et l'on dut la faire transférer à l'hôpital où elle est encore. »

J'espère que voilà un article de taille a exciter l'indignation publique et la pitié des lecteurs.

Une autre feuille radicale, sous ce titre : *toujours la police des mœurs*, commentait ainsi cette arrestation : — « Vous verrez que tant qu'un mari outragé n'aura pas cassé d'un coup de pistolet la figure d'un des estimables fonctionnaires du service des mœurs, voire même une figure hiérarchiquement plus considérable, Paris ne sera jamais débarrassé de l'ignoble et sauvage système des rafles..... L'arrestation de Madame L... *une honnête jeune mère de famille* saisie par une bande d'argousins chargés de la morale des rues, dans la rafle de dimanche soir devant la gare de l'Est, *est un insupportable scandale.....* Peut-être avisera-t-on quant un mari moins endurant que la masse des autres aura écorné la tête d'un agent ou même celle du préfet — sur les ordres exprès duquel sont faites les battues. »

Cet aimable article était signé du nom d'un ancien conseiller municipal de Paris.

Cette *honnête jeune mère de famille*, était sortie le 22 de l'hôpital Saint-Louis et arrêtée le soir même racolant dans le quartier de Saint-Denis.

Elle était *inscrite* depuis 1880 sous le nom de Juliette Legault, âgée de vingt-sept ans, née à Nantes, et se livrait depuis longtemps à la prostitution.

Elle demeurait passage de Boulogne, escalier 1 au deuxième étage; elle avait été arrêtée une dizaine de fois et à plusieurs reprises, pour dépister la police, elle avait pris les noms de Berthe Legault, Désormeau et Alexandrine Robert.

En 1883, le séjour du département de la Seine lui avait été interdit.

Voilà comme on écrit l'histoire.

Ces dernières années on fit grand bruit autour de l'arrestation de Mademoiselle Bernage et de Madame Eyben, M. Andrieux, l'ancien préfet de police, fort attaqué à ce sujet par les journaux, publia dans *la Ligue* l'histoire de cette arrestation, je ne connais rien de plus amusant.

Après avoir fait remarquer combien était mal choisi le lieu où cette dame avait coutume d'attendre ses enfants, que le passage des Panoramas était depuis longtemps signalé à la police des mœurs, qu'il y avait eu de nombreuses arrestations, et qu'il s'y trouvait surtout un hôtel dont la réputation était fâcheuse ; demandait pourquoi Madame Eyben, à laquelle à cette date on ne connaissait pas d'occupations n'allait pas chercher ses enfants, jusqu'à la rue de Valois ?

La question resta sans réponse.

Alors il eut la curiosité de pénétrer par un de ses agents dans l'intérieur de cette dame (soit dit sans calembourg), et il la fit interviewer par un journaliste discrètement attaché à son administration.

Son journaliste se présenta comme un *reporter* de journaux radicaux, voici le résultat de l'entretien, c'est un chef-d'œuvre :

Le journaliste. — Vous êtes artiste dramatique, madame ?

Elle. — Oui, monsieur ; mais je n'ai pas encore d'engagement. Je cherche.

Le journaliste. — Que ne vous adressez-vous au directeur des Fantaisies ? Il vous engagerait au cachet.

Elle. — Je dois le voir aujourd'hui.

Le journaliste. — Vous jouez ?

Elle. — Les premiers rôles dans le drame et la comédie.

Le journaliste. — Diable ! Je doute que M. Cruet adopte ce genre ; mais essayez toujours. D'ailleurs avec votre nom, autour duquel on fait tant de bruit...

Elle. — Plus que je ne l'ai voulu. Ah! si M. Andrieux y avait consenti, il n'avait qu'à me dédommager et à révoquer son agent; tout se serait arrangé; il eût ainsi fermé la bouche à ceux qui crient contre lui.

Le journaliste. — Alors, c'est un peu une question d'argent?

Elle (d'un ton indigné). — Pour moi, monsieur, certes non! Si j'avais été seule, libre, je me serais vengée moi-même; j'aurais brûlé la cervelle à qui me déshonorait; mais j'ai des enfants, qui n'ont plus de père; je dois assurer leur sort.

Le journaliste. — Vous êtes sans fortune, madame?

Elle. — Je vis de mon travail. En portant atteinte à ma considération, on a nui à mon avenir théâtral et à ma position future. Il n'est que juste qu'on me paye ce qu'on m'a fait perdre. N'êtes-vous pas de cet avis?

Le journaliste. — Certainement, madame. D'ailleurs M. Delattre vous y aidera. Vous le connaissez; c'est lui qui a rédigé votre demande de poursuites?

Elle. — Il l'a rédigée sous ma dictée; mais il

m'était inconnu auparavant. C'est M. Mayer qui me l'a indiqué.

Le journaliste. — Quel Mayer?

Elle. — Le rédacteur de la *Lanterne*. Lui, M. Rochefort, M. Secondigné, M. Crié, du *Petit Parisien*, et M. Lepelletier, du *Mot d'Ordre*, se sont mis à ma disposition.

Le journaliste. — Vous avez bien fait d'en user.

Elle. — J'eus préféré un arrangement à l'amiable, mais c'était impossible, et pensez, monsieur, que je ne sais pas encore si j'arriverai à quelque chose! C'est bien triste. Mais dans quel journal comptez-vous publier un article sur mon intérieur?

Le journaliste (désignant un journal au hasard). — Au *Petit Parisien*, s'il n'y a pas abondance de matières.

Elle. — J'irai de six à sept heures, ce soir. Vous y verrai-je?

Le journaliste. — Certainement. Mais vous fréquentez donc les bureaux de journaux? Faites-vous aussi du reportage?

Elle. — Non! vous voulez rire. Mais je dois des remercîments au *Petit Parisien*. Je veux lui en faire, comme j'en ai fait à l'*Intransigeant*, à la *Vérité*, à la *Lanterne*, à l'*Électeur*, à tous vos amis qui ont épousé ma cause.

« L'entretien, ajoutait le journaliste dans son rapport, eut ensuite pour objet les questions de théâtre. Nous nous quittâmes au bout d'une heure, après qu'elle m'eut prié de la présenter à Louise Michel et de parler au régisseur des Fantaisies. Je m'y suis engagé et je la reverrai. La semaine prochaine nous dînons avec Louise Michel, avec Madame Cadole et divers autres révolutionnaires. Nous ferons inviter Madame Eyben. »

Malgré cela il existe des gens persuadés que les femmes honnêtes ne sont pas en sécurité à Paris.

De gros volumes ont été écrits pour signaler le mal, malheureusement, leurs auteurs, presque toujours des hommes politiques, se sont servi de cette grosse question sociale pour leur intérêt et ont beaucoup plus visé à l'effet qu'à l'étude des causes de l'accroissement des filles.

C'est pourtant une question des plus intéressantes et avant de crier *haro* sur l'autorité il faudrait savoir si elle est armée pour la repression.

Loin de moi la pensée de défendre ou d'attaquer les agents des mœurs, je fais du document et non de la critique, de l'histoire et non de la théorie, mais il n'est pas inutile de dire que la loi qui régit la matière, date de près d'un siècle, qu'elle est plus que surannée, et qu'il serait temps que nos législateurs en fissent une autre.

J'ai beaucoup étudié cette question, quand je

vois des agents conduire des filles comme un troupeau de moutons, et, que la foule qui, quelques
minutes avant leur arrestation, criait contre l'envahissement de la voie publique, en les voyant
passer, crie à l'arbitraire, je me demande où est
la vérité ?

Laisser les filles en paix et supprimer les agents,
ou augmenter les agents et sévir impitoyablement
contre les filles.

Pas de mi'ieu !

Plusieurs soirs de suite j'ai fait le tour de Paris,
de la barrière de l'Étoile à la barrière du Trône
en passant par Clichy, Rochechouart, la Chapelle, la Villette et Belleville, puis du Trône par
la route d'Italie, la Glacière, Montparnasse et
j'avoue que ces rafles sont parfaitement justifiées
tant parce qu'on y voit que parce qu'on y entend,
je me permettrai même d'ajouter qu'elles ne
devraient pas se borner à la voie publique, car il
existe dans le centre de Paris, des établissements
qui ne le cèdent en rien aux anciens boulev: rds
extérieurs.

Ces conservatoires de la prostitution sont tolé-
rés, je dirai presque encouragés.

J'en ai parlé plus haut.

Une rafle ne s'opère pas aussi facilement qu'on
le croirait de prime abord, non pas parce que les
filles résistent ou que les agents ont à craindre que

les souteneurs les défendent ; mais parce que les badauds les avertissent, cela les amuse.

Lorsque la rafle commence, dès que deux ou trois filles sont arrêtées, on entend de toutes parts des coups de sifflets strident, c'est le signal du sauve-qui-peut général ; les filles se sauvent dans toutes les directions, se faufilent entre les voitures au risque de se faire écraser, elles cherchent à se réfugier dans les allées ouvertes, dans les cafés, chez les marchands de vins, partout en un mot où elles espèrent échapper aux agents ; ceux-ci les poursuivent, les souteneurs arrivent, c'est une véritable chasse plus comique qu'émouvante.

Quand les filles sont arrêtées elles se laissent philosopement conduire au poste, en injuriant cyniquement les passants. — C'est y pas un spectacle curieux, disent-elles, que de nous voir emballer, pendant que tu nous regardes ta femme te fait cocu, t''as donc jamais rien vu croquant, je suis pas une *rutière*. (1)

Puis elles chantent une chanson obscène.

En passant devant un bureau de tabac, elles deviennent calines, suppliantes !

— Mssieur l'agent, laissez-moi acheter du tabac ?

_____

(1) *Emballer*, arrêter, *rutière*, voleuse.

L'agent ne répond pas mais s'arrête, elles
entrent, font leurs provisions de tabac, soit à
fumer, soit à priser, puis tranquillement elles
rentrent dans le rang.

Les souteneurs les escortent silencieusement,
afin de savoir à quel poste on les conduit pour être
présents à l'heure où on les embarquera dans *la
calèche du préfet*, le panier à salade.

La plupart des violons (1) des postes de police,
malgré que depuis l'empire, ils aient été considérablement améliorés ne présentent rien de séduisant, ils sont sombres, humides, puants et mal-
sains ; dans chaque poste il y a deux violons, un
pour les hommes l'autre pour les femmes, l'ameublement est des plus sommaire : un lit de camp
sans paillasse ni matelas, une cruche pour contenir de l'eau, et un baquet dont on devine l'usage.

Une vieille rouleuse qui exerçait depuis des
années était au poste de police, elle se plaignait à
l'officier de paix :

— Voilà trois fois que l'on m'arrête dans votre
arrondissement ; c'est dégoûtant, y a pas moyen
de s'entendre !

— Changez-en, peut-être pour vous sera-t-on
plus tendre dans un autre.

(1) *Violon*, vieux jeu de mots qui date du temps où c'était
l'archer qui vous conduisait au *violon*.

— Vous avez raison, dans votre arrondissement il n'y a que de l'article à trente sous !

Et puis je ne sais pas ce qu'elle fout votre préfecture, il y a plus que des jeunes gens que je ne connais pas, y sont pommadés et ne regardent pas les femmes, c'est un tas de *tantes*.

A la bonne heure dans l'ancien temps... Ah ! y avait un chouette canapé dans le cabinet du chef!

Les postes de police ont leurs habituées, elles y sont aussi à l'aise qu'une grande dame dans son salon, et ne font pas faute de blaguer les agents, quelquefois avec infiniment d'esprit et d'à-propos. Il en existe une qui, régulièrement, trois fois par semaine, est arrêtée par les sergents de ville, c'est une pocharde dans les grandes largeurs, elle couche au violon sur le lit de camp, et le lendemain, quand elle est dégrisée, on la renvoie; elle ne manque jamais, en partant, de dire au brigadier :

— Ne faites pas changer les draps, je reviendrai ce soir !

Tous les jours à midi et demi, à six heures du soir, et à une heure de la nuit, le poste déverse toute sa moisson dans le *panier à salade*.

Autrefois, alors que les postes de Paris étaient occupés par les troupes de lignes ou par la garde nationale, le matin, invariablement à neuf heures, on voyait sortir du poste les gens arrêtés la nuit, généralement quatre hommes et un caporal par personne; dans l'argot des escarpes et des filles, cela s'appelait : aller chez le *quart d'œil* entre *quatre chandelles ;* en employant cette expression, ils faisaient allusion à cette définition du fusil de munition : — « Il est comme la chandelle, long, rond, et il en sort une flamme quand on y met le feu. »

C'était un spectacle comique que celui de voir nos jeunes troupiers veillant attentivement sur le prisonnier confié à leur garde, il arrivait souvent que dans le trajet du poste au commissariat des scènes curieuses se produisaient, une femme et ses enfants suivaient, en pleurant, le cortège ; rendez-moi mon homme, disait la femme, il s'est saoulé hier, c'est pas un crime ; papa, papa, criaient les petits, les soldats émus, détournaient les yeux, mais continuaient à marcher, d'ailleurs le caporal, presque toujours un ancien, jurait :

— Avancez donc, sacré nom de Dieu.

Et il pensait tout bas : il a de la veine celui-là d'avoir pu se payer une belle cuite hier soir.

Parfois il y avait des récalcitrants, qui, en che-min, passaient un croc en jambes aux soldats, lesquels tombaient sur le pavé avec un bruit de ferrailles, si piteusement, que la foule riait à en perdre haleine pendant que le prisonnier s'en-fuyait ; le temps que les soldats se relevaient, meurtris et salis par la boue des ruisseaux.

Ceci avait été prévu par les vieux soldats qui commandaient les postes, ils recommandaient aux caporaux de couper les boutons du pantalon du prisonnier et de lui faire mettre ses souliers en savate, de cette manière, occupé à maintenir sa culotte, et trainant ses chaussures il ne pouvait plus courir.

Le spectacle était plus comique encore quand c'étaient des filles que les soldats conduisaient, elles injuriaient les troupiers, elles se roulaient par terre, criant, pleurant, leur corsage se dégraffait, leur jupon se retroussait, leurs cheveux se dénouaient, elles refusaient de marcher, les souteneurs qui guettaient ce moment essayaient de les délivrer, la foule prenait parti pour les femmes, enfin les pauvres soldats en étaient réduits à conduire leurs prisonnières dans des voitures à bras, ficelées comme des saucissons de Lyon.

Cette promenade à travers Paris dura jusqu'à l'augmentation des sergents de ville et à la suppression de la garde nationale; c'est alors que l'on commença à se servir du *panier à salade;* Balzac dit que ce surnom provient de ce que primitivement la voiture était à claire-voie de tous côtés, c'était néanmoins une amélioration, bien que les prisonniers y fussent entassés comme des harengs dans la caque.

Qui ne se souvient de l'ignoble voiture jaune,

derriere laquelle galopait un garde municipal à cheval.

Cette voiture desservait les postes, une fois par jour seulement, le matin, et transportait au dépôt de la *Tour pointue*, tout le gibier ramassé la veille ; filles, vagabonds, voleurs, en un mot les ancêtres des aimables citoyens que nous coudoyons à chaque pas.

Depuis 1866 le *panier à salade* a disparu pour faire place à un omnibus, qui, sans le gardien qui se tient derrière, à la portière grillée, ressemblerait à tous les omnibus.

Quant l'heure du chargement arrive, la foule s'amasse, car ce spectacle a ses amateurs, ses fanatiques qui, pour rien au monde ne le manquerait ; elle se range de chaque côté du trottoir, un coup de sifflet se fait entendre ; c'est l'omnibus ; aussitôt les cellules du violon sont ouvertes les agents forment la haie, et chaque prisonnier sort en courant prendre sa place, dans la voiture, où il est *bouclé* dans un espace étroit.

Le chargement s'opère en un clin d'œil, pas assez rapidement toutefois pour empêcher de scènes ignobles de se passer.

Une heure avant l'arrivée de la voiture, les souteneurs se promènent de long en large, devant le poste. en causant entre eux, du malheur qui les frappe; plus ae *marmite*, plus de *galette*, il va falloir *claquer du bec*.

Ils jettent aux femmes, qui un mouchoir, qui un paquet de tabac, un peignoir ou autres objets de toilette.

L'homme qui se tient à la portière, rejette les objets avec sa main, ils retombent sur le trottoir.

Les femmes envoient des baisers, et crient : *Mort aux vaches*, à bientôt mon petit homme.

Les souteneurs jettent aux agents des regards de haine, la voiture part rapidement pour le dépôt de la préfecture de police, l'antichambre de Saint-Lazare.

XIII

Dans le Palais de justice même, il serait plus
vrai de dire sous le Palais, le dépôt occupe un
vaste carré compris entre la place Dauphine à
l'ouest, le quai de l'Horloge au nord, le quai des
Orfèvres au midi et la cour intérieure, plutôt un
passage qu'une cour, qui sépare les bâtiments
brûlés de l'ancienne préfecture de police, des
bâtiments neufs du Palais. La grande salle des pas
perdus, la Cour d'appel, l'escalier monumental du
palais, la Cour d'assises, forment le dessus du
Dépôt, et les colonnes, les pilotis, les fondations,
plus que robustes de l'immense édifice plongent
dans les profondeurs du Dépôt dont elles forment
les corridors ou plutôt dont elles déforment et
obscurcissent les salles et les couloirs. Ce vaste
carré-long, enfoui dans le sous-sol, rencontré par

les substructions, percé de corridors souterrains,
se divise en deux quartiers qui ont un vestibule
commun.

L'entrée du Dépôt, la seule, est dans la cour à
l'est. On y arrive librement par trois issues exté-
rieures, donnant sur les quais. Sur le quai de
l'Horloge une grande porte cintrée, toujours ouverte, donne directement accès dans cette cour par
un chemin en pente, car le sol du Dépôt est fortement en contrebas du quai. La porte est bien
vraiment une porte de prison, massive, lourde,
ferrée sur tous les points, percée de judas imper-
ceptibles et de vasistas fortement grillés. Inutile
d'appeler ou de frapper.

A droite, en entrant, et du côté nord, le quartier
des hommes. A gauche et au sud, le quartier des
femmes. Au milieu, le vestibule où se trouve le
greffe, la fouille, le cabinet du directeur, le service
des entrées. Et derrière le vestibule les promenoirs
cellulaires.

Le panier à salade amèn :, par fournées, le contingent que fournit à la Préfecture de police la
sûreté. La sûreté centralise, trois fois par jour, le
contingent des postes et des commissariats, elle
fait trois envois par jour au dépôt. Les arrestations
à domicile arrivent isolément par les voitures de
rencontre Deux agents en bourgeois et le patient,
voilà le chargement ordinaire.

Ce déballage se produit trois fois par jour : à midi et demi, à sept heures et demie du soir et à minuit.

Le convoi de midi, presque toujours, est le plus nombreux et le mieux assorti.

Quand le *panier à salade* accoste la porte du Dépôt, le coup d'œil est saisissant pour le dernier convoi, la cour est plongée dans l'obscurité, des ombres, celles des agents et des gardiens qui forment la haie, la voiture seule est dans le rayon de lumière ; les prisonniers descendent un à un en s'étirant les membres, comme des gens heureux, car ils étaient à l'étroit dans 'a voiture.

Aussitôt la porte refermée, les opérations régulières du Dépôt commencent.

C'est d'abord l'inscription.

Dans un bureau vitré, en face de la porte, un employé prend la livraison des *colis* qui viennent d'arriver ; il en reçoit le bordereau de l'inspecteur de la permanence et il en délivre reçu ; puis, au fur et à mesure de la réception, il les remet *à la fouille.*

Il y a plusieurs *fouilles* au Dépôt, la première n'est qu'une formalité.

Il s'agit simplement de ne pas laisser au détenu des instruments de suicide, et de mettre en sûreté les valeurs et effets qui, sur le prisonnier, peuvent se perdre.

Dans un petit bureau, encombré de paquets hétéroclites, d'objets étranges, qu'il est impossible de déviner à l'œil, le détenu passe aux mains d'un employé qui le débarrasse de tout instrument tranchant ou piquant, et de toute valeur dépassant une certaine somme.

On laisse *dix francs*, — quand ils les ont, bien entendu, — aux détenus envoyés dans la salle commune, vingt francs aux cellulaires.

On fait alors lever les bras au détenu, absolument comme à l'entrée del'hôpital, puis il est fouillé dans toutes les poches, palpé sur toutes les coutures, scruté minutieusement dans toutes les parties de son individu.

La *fouille à nu* est des plus curieuses, comme les prisonniers ont l'habitude de cacher, dans une certaine partie du corps, les objets qu'ils veulent soustraire à la *fouille* et qui sont enfermés dans un étui, on leur tape sur le ventre et on les fait tousser, l'étui sort alors, comme poussé par un ressort ; on se souvient de cette voleuse qui garda caché, pendant plusieurs semaines, dans ses parties les plus secrètes, un billet de cinq cents francs.

Beaucoup vont à *la fouille* avec une sorte de joie, car, après vient la distribution du pain *ki boule de son* !

Après la *fouille*, le greffe et la toise.

Le greffe n'est oint ici, comme dans certaines prisons, l'enregistrement des écrous ; c'est plutôt une comptabilité des déten·r. Le prisonnier, à quelqu mo··t que ce soit, doit être représenté, ou bien *par corps* ou bien par une *pièce comptable*.

Avant d'enregistrer et de cataloguer cet « article de compte » on *prend son portrait*, c'est-à-dire son signalement, puis on le fait passer sous la toise.

Il en est beaucoup qui font les récalcitrants et qui se prêtent à cette opération avec mauvaise grâce.

Dès son arrivée au dépôt tout détenu est conduit au service des signalements anthropométriques, où l'on recherche ses antécédents judiciaire. Très souvent, l'individu dont l'intérêt est de cacher sa véritable identité donne un faux état civil. Mais grâce au système dont on doit l'application à M. Bérillon, la ruse est vite éventée. Auparavant, en effet, on se contentait de photographier les arrivants et de prendre un de ces signalements vagues qui n'ont jamais fait reconnaître personne.

Revenait-il un ou deux ans après? Si la première fois il a donné son nom véritable, il en donnait un autre la seconde et le tour était joué. L'impossibilité matérielle de faire des recherches entre cent mille photographies assurait le succès à sa supercherie. Aujourd'hui la photographie n'est plus qu'un succédané. On mesure les détenus, la longueur et la largeur du crâne, la longueur du médius, de la coudée, de la grande envergure, etc. Comme il est parfaitement impossible que deux hommes se rencontrent ayant exactement les mêmes mesures sur diverses parties de leurs corps, quand un individu se présente au service d'identification, il est facile, en le mesurant de nouveau, de connaître son véritable état civil. Et cela en quelques minutes, à l'aide d'un ingénieux système de classification.

Le dépôt est particulièrement intéressant à étudier ; je n'en retiens que ce qui a trait à mon sujet, à la femme et aux souteneurs.

Après avoir franchi, un nombre de postes assez respectables, et entendu grincer d'énormes verrous, on arrive à la salle où sont les femmes, qui attendent d'être transférées ou qui sont détenue administrativement.

C'est une salle carrée, d'une hauteur énorme, vitrée par le haut, de manière à ce que les femmes puissent être surveillées quand même elles se croient seules, à la hauteur du premier une passerelle est établie à cet effet.

Des deux côtés de la salle, il y a des lits de camps qui sont à charnières, ils se baissent le soir et se relèvent le matin, ils restent accrochés aux murs pendant la journée, pour deux raisons, afin que les filles ne dorment pas, et qu'elles aient plus d'espace, de distance en distance des porte-manteaux qui supportent tous les objets de toilettes dont les filles se débarrassent, pour être plus à l'aise d'abord et ensuite pour ne pas les abîmer pour le jour de la sortie.

J'avais demandé à M. Lozé une permission pour visiter le dépôt, il s'empressa de me l'accorder et j'avoue que j'ai emporté de cette visite une impression singulière.

En entrant dans la salle, dont je viens de parler, je ne distinguais rien d'abord qu'un groupe d'environ deux cents femmes, qui, en entendant ouvrir la porte m'entourèrent en criant : grâce ! grâce !

Les pauvres filles me prenaient sans doute pour un personnage, je leur répondis : mais je ne puis rien, cela ne les empêcha pas de continuer à crier.

La supérieure qui m'accompagnait eut avec les gardiens toutes les peines du monde à les faire ranger afin de faire une trouée pour que je puisse voir la salle.

La plupart étaient en jupons courts, les uns en toile grossière, les autres garnies de dentelles, pour les chemises il en était de même, quelques-

unes n'avaient pas eu le temps de décrocher un vê-
tement pour se couvrir la gorge, elles étaient en
corset, les uns en satin noir bordé de rouge, les
autres de bleu, ce n'était pas un spectacle indifférent, d'autant plus que la femme n'abdique jamais et qu'elles étaient bien peignées et admirablement chaussées.

Aux patères pendaient des robes de soie, un
bonnet blanc était sans façon planté sur un chapeau à plume de la bonne faiseuse, un caraco de
laine était sur un paletot en velours frappé, on se
serait cru au Temple, à un moment donné, j'entendis des cris, je demandais d'où ils provenaient,
c'est une maîtresse de maison, me dit carrément
la sœur supérieure; en sortant, je vis en effet quatre
ou cinq filles en peignoir qui portaient leur marque
de fabrique, aussi bien les filles que les peignoirs,
elles entouraient une énorme femme qui ressemblait à s'y méprendre à un sac de farine lié par
le milieu, elle avait une attaque de nerfs !

— Qu'a-t-elle fait, demandais-je ?

— Elle a commis une infraction aux réglements,
elle et ses filles et elles sont ici pour quelques
jours.

Les filles étaient aux petits soins pour elle; cette
pauvre *maman* disaient-elles !

Malgré la tristesse du lieu, j'avais une envie de
rire extraordinaire, d'autant plus que la sœur, si

cela avait dépendu d'elle l'aurait certainement fait revenir à elle, par un moyen plus expéditif : en la mettant sous la fontaine !

Les filles qui sont dans cette salle ne sont coupables que du délit de prostitution, aucune n'est malade.

Toute la journée ces filles jouent aux cartes, elles se les tirent mutuellement, malgré qu'il soit défendu d'en avoir, il y en a toujours, où les cachent-elles, ceci est un mystère.

On a vu qu'au moment des rafles, elles suppliaient les agents de leurs laisser acheter du tabac, et qu'au moment de leur embarquement dans le panier à salade, leur souteneur essayait de leur en faire parvenir, la raison la voici, elle le revendent à celles qui n'ont pu s'en procurer, une cigarette se vend couramment un sou, et quelquefois plus ; avec le produit de cette vente elles s'offrent des douceurs à la cantine où il y a d'excellent vin, meilleur que celui que boivent les ouvriers, car il a passé par le laboratoire municipal.

La cantinière à certaines heures, passe avec son bidon, et les clientes prennent *la Gobette*.

Dans les cours, étroites il est vrai, car elles sont forcément encaissés à cause de la position des bâtiments, il y a des filles qui se promènent fort tranquillement, cela n'a pas l'air de les émouvoir,

d'autres sont assises sur les bancs, et regardent le
visiteur d'un air ennuyé, comme ayant l'air de
dire, qu'est-ce qu'il a à nous regarder ce mufle-
là !

Les détenus sont divisés par classes, cela est
intelligent et humain à la fois, et aussi cela permet
au visiteur d'étudier chaque classe dans son
ensemble.

— Vous êtes chez les souteneurs, me dit le gardien chef qui m'accompagnait, car l'empire de la
sœur supérieure s'arrête au seuil de la porte des
filles.

— Je m'en doutais, lui répondis-je.

Il cria fixe; alors, tous ces hommes jeunes pour
la plupart se découvrirent immédiatement et me
regardèrent en chiens de faïences, pas en face, car,
comme ils n'ont pas la conscience bien nette, ils
craignent toujours une reconnaissance.

— Qu'allez-vous en faire ? dis-je à mon
cicérone.

— Pas grande chose, ils ont tourné la loi, ils
ne sont plus en garnis, par conséquent on ne peut
les poursuivre pour vagabondage, ils ont un domicile fixe, on les prend, puis on les lâche.

Quelquefois on met en liberté, le même jour,
une trentaine de femmes; elles sortent par la
porte du Quai de l'Horloge avec leur petit balu-

chon, comme une volée de pigeons ; elles hésitent
un i. sta. t avant de prendre leur vol.

Quand elles aluent le greffier, en partant,
jamais elles ne dise..t adieu, mais au revoir.

La prison de Saint-Lazare, si elle n'est pas la
plus vieille de Paris, est du moins celle dont les
bâtiments servent depuis le plus de temps d'hôpital,
de lazaret ou de prison.

En 1100, sur l'emplacement qu'elle occupe
aujourd'hui, s'élevait un hôpital de lépreux qui
resta là pendant quatre siècles ; une abbaye où les
mendiants trouvèrent un refuge succéda à la lépro-

George Auriol

serie et, en 1632, une congrégation fondée par
saint Vincent de Paul, sous le patronage de Saint-
Lazare, vint s'y établir.

En 1681, l'architecte Edme Jolly reconstruisit
les bâtiments où particularité curieuse, les rois de
France devaient, avant d'aller à Saint-Denis, passer vingt-quatre heures dans une ancienne logette
de lépreux. Le 13 juillet 1789, le couvent des Laza-
ristes fut saccagé par les gens du peuple et l'on
avait à peine réparé les dégâts commis qu'un
décret de la Convention affecta l'immeuble au
service des prisons. Chénier y fut enfermé et y
écrivit sa poésie de la *Jeune captive*. C'est dans
une salle de Saint-Lazare, qui existe encore, que
se fit l'appel des Girondins dont le peintre Müller
s'est inspiré dans son tableau célèbre. Depuis 1811,
la prison de Saint-Lazare appartient au département de la Seine et n'a jamais cessé de renfermer
des détenus et des détenues.

On ne voit rien à Saint-Lazare, et cet immense
cloître, une ville véritable, est tout entouré de
maisons qui le masquent et l'étouffent. Ce que
l'on voit seulement, c'est l'entrée de quelque
amorce de bâtiments, et l'on ne saurait imaginer rien
de plus sinistre. En pleine agitation faubourienne,
entre des boutiques, une façade étroite, écrasée,
noire et souillée d'affiches ou de détritus. Les
bâtiments sombres, sales et branlants, avec des

fenêtres boiteuses, des lucarnes borgnes. Et une porte, surtout une triple porte basse où tant d'ignominies se sont engouffrées qu'elles ont laissé sur leurs ais une trace indélébible. Aux abords rôdent sans cesse de laides et louches figures, ou d'étranges familles qui vont voir l'enfant au parloir.

Personne ne peut pénétrer, et les ordres les plus sévères sont donnés pour interdire à tout étranger curieux, fût-il privilégié entre tous, même une sommaire visite.

Il faut une autorisation du préfet de police.

Elle se compose de cinq corps de bâtiments entourant trois cours intérieures, plantées d'arbres ; un chemin de ronde isole la partie destinée aux prisonnières

Les prisonnières sont divisées en trois catégories :

1° Les femmes et filles coupables de crimes ou délits, qui habitent le rez-de-chaussée et ont dortoirs, ateliers, réfectoirs distincts ;

2° Les jeunes détenues, catégorisées elles-mêmes en trois sections : celles qui doivent par mesure correctionnelle être enfermées jusqu'à leur majorité ; les filles vagabondes de plus de seize ans ; les prostituées enfin de seize à vingt et un ans ;

3° Les filles publiques détenues administrativement ou soumises à un traitement médical. On les divise en *vieilles*, *mutines* et *jeunes*.

Les *vieilles* sont d'anciennes habituées de la

maison et prennent presque plaisir à y retourner.
Usées par l'âge et par les excès de toute sorte,
incapables de gagner la bouchée de pain de tous
les jours, elles enfreignent les règlements de police
tout exprès pour être conduites à « Saint-Lago »,
comme elles disent en leur langage. Cyniques,
mais généralement assez tranquilles, elles présentent, parquées dans leur quartier, le plus répugnant tableau du vice, comme les *mutinées* en
offrent les plus horrible exemple. Celles-là sont
plus jeunes, de vingt-cinq à quarante ans environ.
Malgré le silence qui leur est imposé, malgré les
travaux auxquels elles sont astreintes à se livrer
toute la journée, leur esprit ne peut se détourner
du mal. Si elles hasardent un mot à l'oreille de
leur voisine, c'est une obscénité; si elles écrivent
quelques lignes sur un billet qu'on se passe furti-
vement, c'est quelque rendez-vous ignoble! On se
croirait dans quelque coin de l'enfer rêvé par le
Dante. Et les *jeunes* ne valent guère mieux. Elles
sont mêmes peut-être plus cyniques encore.

Cela est très explicable, ces femmes de tous les
âges forcées de vivre côte à côte ou dans le sens
plus stricte du mot se pourrissent les unes les autres, les vieilles, les rouées du vice, vétérans de la
prostitution, complètent chez les jeunes la flétris-
sure commencée, elles n'ont pas grand peine a
cela.

Le *gougnottage*, malgré la plus active surveillance s'y développe et fleurit à l'aise grâce à la promiscuité, des amitiés si étroites s'y nouent, que des prisonnières, leur temps fini. se font arrêter à nouveau pour retrouver leur *amie* détenue.

Un jour une sœur surveillante dit à un visiteur :

— Ce qui leur manque le plus, ce n'est pas l'homme, c'est le tabac.

Qu'auraient-elles besoin de l'homme? puisque la femme leur suffit.

Les prisonniers se partagent en trois sections, comme je le dis plus haut, voici l'ordre de la journée des détenues et des malades qui peuvent se lever.

A 4 heures 3/4 le réveil.

Le lit et la toilette doivent être faits avant cinq heures.

Elles se rendent alors aux ateliers où tout le monde est astreint à la prière, elles travaillent jusqu'à neuf heures moins un quart, elles déjeunent, ensuite promenade jusqu'à dix heures moins un quart, elles se remettent au travail, à midi repos pour goûter, travail jusqu'à trois heures, repas du soir, promenade jusqu'à quatre heures, rentrée à l'atelier jusqu'à sept heures, heure où elles vont se coucher.

C'est dans le deuxième quartier que sont emprisonnées les condamnées administratives, les unes malades y suivent un traitement régulier, les salles bien aérées, sont gaies, la vue s'étend au loin, les lits bien blancs sont alignés avec soin, à la tête du lit est une pancarte rose, délivrée par le dispensaire, relatant la maladie, j'y ai lu des noms à faire frémir, les filles appellent ces pancartes des *billets de logement*, cette expression est juste car il leur donne le droit d'habiter Saint-Lazare jusqu'à parfaite guérison.

> C'est d'la prison que j't'écris
>> Mon pauv' Polyte.
> Hier j' n'sai c' qui m'a pris
>
> . . . .
> . . . .
>> A la visite
> Si bien qu'aujourd'hui m'v'la dans le tas
>> A Saint-Lazare !

Les autres filles sont enfermées en général pour contravention aux règlements de la police des mœurs, pour tapage nocturne ou scandale sur la voie publique.

La punition qu'elles accomplissent à Saint-Lazare leur est infligée par un chef de bureau de la préfecture de police, qui décerne un mandat d'arrêt approuvé par le préfet.

Comme leurs co-détenues du premier quartier,

elles ont leurs ateliers de couture où elles ourlent des mouchoirs et des draps.

Les femmes sont vêtues d'un costume uniforme, se composant d'une robe gris-fer, mal ajustée, cela s'explique, Saint-Lazare n'a pas pour fournisseur la Maison Rouf, d'un petit châle de même couleur croisé sur la poitrine et coiffées d'un bonnet que quelques-unes arrivent à porter coquettement.

Les mandats du dépôt arrivent le matin, les filles publiques dans la journée, les flagrants délits le soir, aussitôt que le panier à salade arrive, il entre par la grande porte, les filles descendent une à une et marchent l'une derrière l'autre, comme en monôme, la plupart n'ont pas besoin qu'on leur montre le greffe, elles le connaissent, quand elles sont écrouées, on les conduit dans la salle où se tient la fouilleuse, elle les déshabille des pieds à la tête, et comme elle connaît le *truc* elle sonde leurs chignons, on leur rend alors leurs vêtements de ville.

Les filles qui n'ont qu'une peine administrative à subir reçoivent un bonnet noir ; les malades ont le costume de l'infirmerie et portent un bonnet blanc.

Les condamnées ont un bonnet marron, semblable à la robe, avec une ceinture large

Ce sont les sœurs, au nombre de soixante environ qui sont chargées de la surveillance intérieure,

les surveillants ne pénètrent jamais dans les ser-
vices, à moins qu'ils ne soient appelés par les sœurs
pour rétablir l'ordre s'il était troublé

Le directeur M. Durlin, un homme aimable
entre tous, reçoit chaque matin, |les femmes qui
lui ont demandé audience par lettre, il les reçoit
dans son cabinet, jamais seul, toujours en présence d'un gardien, ce n'est pas qu'il ait à redouter un acte de violence car il traite ses pensionnaires avec la plus exquise politesse, mais bien
pour éviter la calomnie, la présence d'un tiers, en
dehors du respect qu'elles ont pour leur directeur,
les forcent à ne point sortir des convenances, et
contient les plus hardies.

Les demandes d'audiences ont souvent lieu pour
des raisons futiles, par exemple on arrête une
femme, elle a un chat, un chien ou des oiseaux,
ils sont exposés à crever de faim, alors elle sup-
plie le directeur de la laisser sortir, le temps nécessaire pour les confier à une voisine, on accède
à sa demande et la pauvre femme revient subir sa
peine, tranquille sur le sort de ses animaux.

Le parloir est un espace très étroit, complètement grillé, il est impossible de causer à voix basse
et tout attouchement, même un serrement de main
ne peut se faire

Quelquefois on accorde le parloir de faveur,

une grille au lieu de deux, c'est peu mais c'est un adoucissement.

Cette sévérité apparente a une grande raison d'être, le directeur esclave du réglement, mu par un sentiment d'humanité avait parfois accordé à des mères détenus d'embrasser leurs petits enfants il avait été informé qu'elles avaient cherché à correspondre avec le dehors en glissant des lettres sous les jupons des enfants, or, le réglement précis à ce sujet, veut que toutes lettres adressées aux prisonnières ou écrites par elles, soient décachetées et lues au greffe.

Cette surveillance étroite a pour but d'empêcher les filles, condamnées ou détenues de correspondre avec leurs amis.

A côté du parloir des familles se trouve le parloir des avocats, cette pièce n'a qu'une table large d'un mètre pour ameublement, la prévenue s'asseoit d'un côté, l'avocat de l'autre, ils causent à l'aise sans que leurs paroles puissent être entendues du dehors, la porte étant close, mais comme la pièce est vitrée, la surveillance est facile.

Pendant le siège un imbécile écrivit au préfet de police pour lui indiquer le moyen de désencombrer Saint-Lazare.

— Faites fabriquer des ballons, lui disait-il, et chargez la nacelle d'autant de femmes que vous pourrez, tant pis s'il arrive des accidents. C'était une réédition du bateau soupape, mais cette fois aérien.

Pendant la commune, « le directeur et les greffiers » nommés par ces aimables chenapans tenaient aux frais de l'administration table ouverte pour leurs parents et leurs amis ; à ce groupe se joignaient les « délégués. » (Ils devaient être nombreux car les délégués auraient pu faire concurrence aux sauterelles), attirés par des intentions de débauche, nous dit M. Lecour, entretenaient des relations scandaleuses avec les filles publiques ou insoumises détenues ; dans un débat judiciaire il fut prouvé que le jardin de la direction fournissait des bouquets de lilas qui étaient envoyés à certaines prisonnières. Plusieurs d'entre elles étaient appelées dans le cabinet du directeur transformé en salon où l'on dansait au son de l'orgue harmonium de la chapelle religieuse.

C'était un lettré le citoyen Hesse, voici un échantillon de sa prose. C'est une lettre adressé au chef du bureau des mœurs :

« CITOYEN,

« Chaque fois qu'une femme malade *rentre* à la maison, elle est soignée.

« 1° Une fois *guérite* on la laisse 15 jours prendre l'air.

« 2° Un certificat du médecin nous *ai* remis et nous

vous *envoyons* le *certificat* et la demande en liberté. *En con-séquence nous n'en avons pas.*

« *Le Directeur :*
« *Signé :* Hesse. »

Les religieuses malgré ce débordement de passions immondes étaient restées à Saint-Lazare par dévouement pour leur mission et sur les instances de beaucoup de prisonnières affolées par la terreur. Elles se sentaient de jour en jour plus impuissantes et menacées.

Sur un avis officieux très pressant elle se résignèrent à quitter la prison, mais elles avaient trop tardé et l'ordre était venu de s'opposer à leur départ; le 17 avril 1871, elles réussirent à sortir, une à une sous divers prétextes et sans attirer l'attention, la supérieure quitta la prison la dernière, alors que les soupçons des délégués de la commune commençaient à s'éveiller, sa fuite fut protégée par les détenues elles mêmes qui déroutèrent la surveillance du directeur et des gredins qui l'entouraient.

Saint-Lazare a le privilège d'attirer certaines gens, en temps de révolution, c'est en effet, un bordel tout prêt; les communards n'avaient fait qu'imiter leurs devanciers de 1848, seulement ceux là étaient plus malins, ils n'allaient pas à la prison chercher leurs maîtresses, ils les faisaient

venir à domicile, qu'on se rappelle le fameux fes-
tin donné par un nommé Pornin, qui était alors
commandant de la préfecture de police, il alla la
veille à Saint-Lazare et choisit dans le tas ce qu'il
y avait de mieux, condamnées ou non, puis, sans
façon il les fit sortir et elles figurèrent dans une
orgie devenue célèbre qui a été admirablement
racontée par un témoin oculaire.

Le vestiaire est curieux, c'est un encombrement
qui donne lieu à une illusion, on se croirait dans
le vestiaire d'un grand théâtre, un jour de première, les parapluies sont soigneusement étique-
tés, les robes de soie ou de velours précieusement
empaquetées, les chapeaux en très grand nombre
gisent là, attendant la sortie de leur propriétaire,
il y en a de tous les genres, depuis le chapeau Ru-
bens marqué Mélanie Percheron, jusqu'à l'humble
casquette à 2 fr. 50 achetée au bazar, cette promiscuité fait naître une foule de réflexions philo-
sophiques.

Les ateliers sont de vastes pièces carrelées, les
femmes sont assises sur de petites chaises de
paille, très basses, elles cousent en silence, le produit de leur travail va par moitié à l'État, elles
peuvent disposer de l'autre moitié, mais l'administration en fait deux parts égales, cette sage pré-
voyance constitue à la détenue une somme qu'elle
touchera le jour de sa libération.

Avec le quart restant qui est léger, elles achètent à la cantine du vin ou des aliments, c'est amusant de les voir faire queue, tout en babillant, car si le silence est de règle on ferme un peu les yeux.

Pendant le travail une sœur lit à voix haute des livres empruntés à la bibliothèque de l'établissement.

La durée du travail est partagée entre deux séances de cinq heures chacunes.

Lors de ma visite, j'avais lu la veille dans un journal, que le préfet de police lui-même ne connaissait pas la prison de Saint-Lazare, et que, malgré une autorisation en règle, *jamais* les cachots n'étaient montrés, je demandais à voir ces fameux cachots, « monstrueuse iniquité, horreur d'une époque civilisée où les femmes sont torturées, etc., etc. » Eh bien ! loin de faire une difficulté, on s'empressa de me les montrer. Je faisais déjà provision de courage m'attendant à descendre dans les profondeurs des caves, à voir des murs nus, humides, des légions de rats, mangeant les jambes des prisonnières enchaînées au lit de camp, pas du tout, on me fit monter plusieurs étages, car les cachots sont tout simplement des mansardes. Ce n'est assurément pas réjouissant, c'est moins gai que le *Jardin de Paris*, mais je pense qu'il est difficile de punir les gens en les

mettant dans un salon et en les nourrissant de
perdreaux truffés.

Quand on songe que la population de Saint-
Lazare peut quelquefois être de **1,800** personnes, tout esprit sensé comprendra qu'il faut à la
direction des moyens pour amener les insubor-
données à résipiscence.

Elles ne sont jamais punies plus de huit jours.

Le Conseil municipal voulut faire retirer les
emblêmes religieux, poursuivant sa campagne de
laïcisation, à quoi aboutit-il ?

Au ridicule, est-ce que des femmes n'ont pas le
droit, étant privées de liberté, de se raccrocher à
une croyance quelconque quand même elle serait
fausse ? Ils durent ne pas poursuivre leur sottise
devant les protestations des détenues et les obser-
vations fort justes du directeur, qui n'est pas un
clérical, mais qui sait par expérience que la
croyance est un moyen de maintenir une discipline
sévère et il est bon juge en la matière.

A l'heure des repas que j'ai indiquée, par
escouades, les différentes sections se rendent au
réfectoire, où elles reçoivent pour la journée
700 grammes de pain bis fabriqué dans la maison
et un demi litre de bouillon maigre, elles font ce
qu'elles veulent de leur pain.

Les femmes malades ont 500 grammes de pain
blanc.

Elles reçoivent en outre par jour un demi litre
de légumes fricassés qui leur est servi dans des
gamelles fort propres, on y ajoute de la viande
deux fois par semaine, la boisson est une espèce
de tisane fabriquée à la pharmacie.

Le réfectoire est une salle spacieuse, au bout
duquel il y a un orgue qui sert à instruire la mai-
trise.

M. Durlin, le directeur, a lutté pendant longtemps pour améliorer le sort des détenues au point
de vue hygiénique.

Primitivement, la nuit, toutes les lumières
étaient éteintes dans les chambrées et dans les
couloirs.

Depuis 1884 seulement, il y a du gaz au plafond
de ces derniers où, du soir au matin, les surveil-
lantes font des rondes ; elles regardent par les
guichets, mais dans le silence nocturne on entend
craquer leurs chaussures. Alors tout semble dor-
mir quand elles passent, et elles ne voient rien.

Quand il arriva il n'y avait point de lavabos,
les cuvettes étaient grandes comme des tasses à
déjeuner, l'eau était plus rare, il est parvenu à
obtenir l'établissement de lavabos en ardoise, qu'un
coup d'éponge suffit à laver, de larges cuvettes et
de l'eau à profusion sont à la disposition des détenues, le tout est largement éclairé. On a assez de
mauvaise foi vis-à-vis de l'administration pour

qu'un obse vateur impartial rende justice à ceux
qui com rennent leur mandat comme M. Durlin.
Un directeur n'est pas un garde-chiourme.

La promenade est une chose curieuse, je dis
promenade et non récréation, car le réglement
i terdit les jeux quelqu'ils soient, et ce n'est guère
récréatif que de se promener à la queue leu-leu,
sans échanger une parole, cela se nomme marcher
en *queue de cervelas*.

Dans les cours, il y a une infinité de chats qui
se promènent, ils sont gras à lard, c'est un plaisir
de les voir ronronner au soleil à l'ombre des grands
arbres et faire leurs cabrioles dans les jambes des
prisonnières.

Les évasions sont rares à Saint-Lazare, pourtant il y a une dizaine d'année une femme parvint
à s'évader costumée en religieuse, elle passa les
trois guichets sans encombre et ne fut pas reprise.

Toutes les femmes sont triées avec soin, chaque
section possède en propre sa cuisine, sa salle de
bain, son réfectoire sa pharmacie, ses cellules et
son infirmerie.

Par une rare bonne fortune, j'ai pu assister à la
messe ; j'avoue que je fus frappé du spectacle que
j'avais devant les yeux.

La chapelle est assez vaste ; au premier étage
est une galerie, dans le fonds de laquelle se trouve
l'orgue et les chanteuses.

En un clin d'œil, aussitôt que l'heure de la
première messe a sonné, par toutes les portes
arrivent des femmes marchant derrière une religieuse ; elles prennent place, en silence, au rang
qui leur est assigné, comme pour l'ordre de clas-
sement de la maison ; elles ne sont point confon-
dues.

Primitivement on forçait les prisonnières à
aller à la messe, et on punissait sévèrement les
récalcitrantes ; elles étaient nombreuses ; depuis
que l'administration leur a rendu la liberté (de ce
côté-là), toutes suivent assiduement les exercices
religieux ; elles considèrent comme une punition
de ne pouvoir assister aux offices.

A l'heure de la seconde messe, même ordre
pour l'entrée que pour la première ; seulement, le
prêtre fait un court sermon ; ce jour-là, il choisit
pour thème : *le luxe*.

Il le commença ainsi :

— Je ne vous parlerai pas du luxe de Saint-
Lazare, mais de celui qui y conduit.

Ce sermon ou plutôt cette causerie familière
était faite sur un ton bonhomme qui n'en excluait
ni la grandeur, ni l'élévation ; toutes les condamnées écoutaient avec une attention qui n'était
certes pas de l'hypocrisie, ce qui était facile à
apercevoir, leurs visages étant en pleine lumière.

Pendant les offices une vingtaine de femmes, la

maîtrise, sont groupées autour de l'orgue, tenu par une religieuse, et chantent des cantiques; elles portent au cou un ruban bleu qui sert à les distinguer des autres ; à l'élévation, je fus surpris de les entendre chanter un *O Salutaris* avec une pureté de voix et une sûreté que n'auraient pas beaucoup de musiciens.

La sortie s'opère dans les mêmes conditions que l'entrée.

A droite de la chapelle, presque sous le chœur, se trouve une petite chapelle qui ressemble à une niche, tant elle est étroite ; dans le fonds se trouve une statue de la Vierge, elle est éclairée par une lampe et par des cierges ; les murs sont couverts d'*ex-voto* sur lesquels sont gravés des remercie-ments.

Jamais ce petit réduit n'est désert, il y a tou-jours une femme en prières, une prévenue qui vient demander à la Vierge le courage d'affronter ses juges et réclamer son intercession pour les rendre indulgents ; il ne faut pas rire de ce fait, il prouve que chez la plus grande criminelle tout sentiment n'est pas éteint; je sais bien que si elle est acquittée, elle perdra bientôt le souvenir pour retomber dans ses habitudes; mais il y a des exceptions : il en est qui, pendant longtemps, envoient des fleurs, et qui, si cela leur était per-mis, reviendraient prier dans la pauvre petite chapelle qui a vu couler tant de larmes, et devant cette Vierge, qui, si elle pouvait parler, pourrait raconter les terribles confidences qu'elle a entendues.

Les filles sont naturellement superstitieuses, quelquefois cette superstition tourne au comique.

Il y a quelques années une ancienne cocotte, qui avait eu son heure de vogue, s'échoua rue de la Lune dans ce pâté de vieilles maisons qui étaient le refuge d'une foule de filles; c'était un véritable clapier, la police y faisait d'amples et fructueuses raffles; cette femme était connue sous le sobriquet de la *Grenouille*; tous les trois mois elle était arrêtée au moins une fois; chaque fois que les agents pénétraient chez elle, elle leur demandait la permission de faire sa prière, ce qu'ils lui accordaient; alors elle s'agenouillait devant un petit tableau caché par un rideau de serge, elle tirait le rideau et apparaissait une image d'Épinal représentant le général Hoche; aussitôt elle se mettait à genoux, joignait les mains, et, les larmes aux yeux, elle s'écriait : « Mon pauvre père, protège ta fille, qu'on *emballe* encore une fois. »

Les agents riaient à se tordre de la toquade de la *Grenouille* qui n'avait, cela va sans dire, aucun lien de parenté avec l'illustre général.

Le matin où j'y suis allé il y avait foule ; les souteneurs attendaient la sortie de leur *marmite*.

Vers six heures, la porte s'ouvrit, les femmes
défilèrent, tête baissée, devant un gardien qui les
examinait à la lueur d'une lanterne, enfin elles
étaient dans la rue, libres !

Aussitôt les souteneurs se précipitèrent, empoi-
gnant leur chacune, les embrassant avec tendresse,
puis sans un mot échangé, s'éloignèrent dans des
directions différentes.

A ce moment je vis plusieurs hommes se rap-
procher et aborder plusieurs femmes qui hésitaien
sur le chemin qu'elles prendraient, probablement
qu'ils furent très éloquents, car les femmes leur
prirent le bras, et tous partirent, sans hésitation
cette fois.

Ces messieurs sont des *amateurs* !

Toujours à l'affût des libérées, ils viennent là,
chercher leurs amours de passage, ce n'est pas
déjà si bête, ils sont certains que les femmes sont
saines, et qu'une continence de plusieurs mois est
une promesse assurée de plaisirs pour plusieurs
nuits, en outre, c'est très bon marché.

XV

J'ai assurément oublié dans cette rapide nomenclature du Paris-Vicieux une infinité de choses ;
les hommes qui passent leur journée assis sur des
bancs, aux têtes de stations des omnibus et des
tramways pour voir les mollets des femmes ;

Les petites filles qui raccrochent les vieillards
et montent en fiacre pour satisfaire leurs goûts,
scène combinée avec le père, le frère ou l'amant,
qui intervient et fait chanter le bonhomme quand
même il n'a pas eu le temps d'en prendre pour
son argent ;

L'homme qui fait la ligne de la Madeleine à la
Bastille, il monte dans l'omnibus et cherche à
s'asseoir entre deux femmes, dont la chair déborde
dans les stalles trop étroites, il tâte, la femme
n'ose rien dire, on le connaît sous le nom de
peloteur ;

La vieille qui, tous les mois, met cent sous sur
sa fontaine — le porteur d'eau sait ce que cela
veut dire ;

Le cocher qui se fait payer sa course, en passant

un quart d'heure dans sa voiture avec sa voya-
geuse ;

La femme qui fait la ligne du chemin de fer de
Paris à Saint-Germain, et qui l'hiver pren d
mains des voyageurs, quand on passe sous les
voûtes, pour les lui réchauffer dans son estomac,
plus chaud que les bouillotes de la compagnie;

La courtière, qui a dans un petit sac, trois ou
quatre paquets de plumes d'oies, et qui monte
d'étage en étage offrir sa marchandise.

— Mais vos plumes sont incomplètes, lui dit-on,
il est impossible d'écrire avec.

— Je vais vous les préparer, monsieur!

La femme qui fait la fenêtre

L'homme qui rode autour des casernes.

La femme qui se fait douze à quinze cents
francs par mois de revenu, en léchant les doigts de
pieds de ses clients, car à ce qu'il paraît c'est
une passion fort agréable.

Les mercières et les libraires, les parfumeuses
une d'entre elles est pourtant à signaler : elle a
dans sa vitrine quatre ou cinq mauvais chapeaux,
une demi-douzaine de brosses à dents, la boutique
est étroite, et encore elle est coupée en deux par
une tapisserie; c'est l'enseigne de la devanture
qui est un chef-d'œuvre :

FABRICATION FRANÇAISE.

Au moins, on sait à quoi s'en tenir !

Si vous entrez dans une des rues avoisinant la rue Fontaine, vous ne serez pas dans le même cas quand vous pénétrerez dans une brasserie qui se trouve à gauche.

Rien ne la distingue; d'une propreté méticuleuse, servie par des garçons pommadés, frisés le gardénia à la boutonnière ; ils vous parlent doucement, comme s'ils avaient peur de vous effaroucher ; ils s'appellent *la Violette*, *Joséphine*, et s'ils ne chantaient à voix basse, quand ils flairent un *miché* : *C'est nous qui sommes les Tatas*, on se croirait au café Riche. C'est la brasserie des *Tantes*.

Enfin toutes les pourritures qui constituent réellement le *Paris-Impur*, mais j'en ai déjà assez raconté pour, n'ayant voulu écrire qu'un livre documentaire, attirer sur moi les foudres de la justice.

TABLE DES MATIÈRES

§26; — ABBEVILLE, TYP. ET STER. A RETAUX. — 1888.

www.ingramcontent.com/pod-product-compliance
Lightning Source LLC
Chambersburg PA
CBHW070739270326
41927CB00010B/2037